陆小凤传奇 3

决战前后

古 龙 著

文汇出版社

目 录

001 / 第一章　两雄相遇

025 / 第二章　斯人独憔悴

047 / 第三章　废园异事

071 / 第四章　北斗七星阵

087 / 第五章　初入禁城

107 / 第六章　第一根线

127 / 第七章　天蚕坛之夜

140 / 第八章　奇异老人

160 / 第九章　难得糊涂

181 / 第十章　月圆之夜

215 / 第十一章　深宫惊变

234 / 第十二章　强敌已逝

250 / 第十三章　尾　声

第一章

两雄相遇

01

秋。西山的枫叶已红,天街的玉露已白。秋已渐深了。

九月十三,凌晨。李燕北从他三十个公馆中的第十二个公馆里走出来,沿着晨雾弥漫的街道大步前行,昨夜的一坛竹叶青和半个时辰的爱嬉,并没有使得他看来有丝毫疲倦之色。

他身高八尺一寸,魁伟强壮,精力充沛,浓眉、锐眼、鹰鼻,严肃的脸上,总是带着种接近残酷的表情,看来就像是条刚从原始山林中蹿出来的豹子。

无论谁看见他,都会忍不住露出几分尊敬畏惧之色,他自己也从不会看轻自己。

十年以前,他就已是这古城中最有权力的几个人其中之一,距离他身后一丈左右,还跟着一群人,几乎要用奔跑的速度,才能跟得上他的步子。这群人之中有京城三大镖局的总镖师,有东西两城"杆儿上的"的首领和团头,有生意做得极成功的大老板和钱庄的管事。

还有几个人虽然已在京城落户十几年,但却从来也没有人能摸透他们的来历和身份。

他们都是富有而成功的中年人，谁也不愿意在如此凌晨，从自己温暖舒服的家里走出来，冒着寒风在街道上奔跑，可是每天早上，他们都非得这么样走一趟不可。

因为李燕北喜欢在晨曦初露时，沿着他固定的路线走半个时辰。这地方几乎已可算是他的王国。这时候他的头脑总是特别清醒，判断总是特别正确，他喜欢他的亲信部下在后面跟着他，等着他发号施令。而且这已是他多年的习惯，就正如君王的早朝一样，无论你喜欢不喜欢，都绝不能违背。

自从"镇远镖局"的总镖头"金刀"冯昆，在一个严寒的早上被他从被窝里拖出来，抛入永定门外已结了冰的河水里之后，就从来没有人敢再迟到缺席过一次。

太阳尚未升起，风中仍带着黑夜的寒气，街旁的秋树，木叶早已凋落，落叶上的露水，已结成一片薄薄的秋霜。

李燕北双拳紧握，大步急行，已从城郭的小路，走到前门外市区的中心，忽然唤道："孙冲！"

后面跟着的那群人中，立刻有个衣着考究，白面微须的中年人奔跑着赶上来，正是李燕北手下的大将之一，以打造各种兵刃和暗器名满中原的"快意堂"堂主。

李燕北并没有放慢脚步等他，连看都没有看他一眼，只是沉着脸道："我是不是已关照过你十五之前，绝不要再接大宗的生意？"

孙冲道："是。"

李燕北道："那么昨天晚上，你为什么还要把存在库里的六十六把鬼头刀、五十口剑和所有的弓箭全都卖了出去？"

孙冲垂下头，脸色已变了。他想不到李燕北会这么快就知道这件事，垂着头，嗫嚅着道："那票生意的利润很大，几乎已有对本对利，而且……"

李燕北冷笑道:"而且生意总归是生意,是不是?"

孙冲不敢再搭腔,头垂得更低。

李燕北脸上已现出怒容,双拳握得更紧,忽然又问:"你知不知道买主是谁?"

孙冲迟疑着,摇着头,眼珠子却在偷偷地四面转动。这时他们刚走上路面很窄的樱桃斜街,两旁的店铺当然还没有开市。但就在这时,左右两旁的窄巷中,突然有两辆乌篷大车冲出来,将他们隔断在路中间。

接着,车上盖的乌篷也突然掀起——每辆车上都藏着十来条黑衣大汉,每个人手里都挽着张强弓,每张弓的弦都已拉满,箭已在弦。孙冲刚想冲到车上去,手脚却已被李燕北的铁掌扣住。

他脸色立刻惨变,张开嘴,想喊:"不能……"这句话还没有喊出口来,弓弦已响,乱箭飞蝗般射出。

李燕北沉腰坐马,反手一抡,竟将他的人抡了起来,迎上了飞蝗般的乱箭。眨眼间,孙冲的人已被射成个刺猬。李燕北厉喝一声,也想冲上篷车,谁知前面的一班弓箭手乱箭射出后,身子立刻伏下,后面竟赫然还有一班弓箭手。

二十八张强弓的弓弦也已引满,箭也已在弦。李燕北的身子立刻僵硬。

跟着他的那群人,都已被第三辆大车隔断在一丈外,他纵然是一身钢筋铁骨,也万万挡不住这一轮又一轮飞蝗般的乱箭!

经过了二十年的挣扎,数百次艰辛苦战,到头来竟还是免不了要落入对头的陷阱——

李燕北眼睛里血丝满布,看来也正像是一条已落入猎人陷阱的猛兽。只要弓弦再一响,这雄霸一方的京城大豪,也难免要被乱箭穿心。

谁知就在这一刹那间，左边的屋檐上，突然响起了一阵极尖锐的风声。青光一闪！划过弓弦。

只听"嘣，嘣，嘣……"一连串如珠落玉盘的脆响，二十八张强弓的弓弦，竟同时被两道青光划断！接着，又是"夺"的一声，青光钉在右面的门板上，竟只不过是两枚铜钱。

是谁有这么惊人的指力，能以铜钱接连割断二十八张弓弦？弓箭手的脸色也全都惨变，突然全都翻身跳下篷车，窜入了窄巷。

李燕北并没有追。这些人并不是他的对象，还不配他出手。而且多年前他就已知道，杀戮并不能令人真心对他服从尊敬。

他只是沉声道："各位不妨慢慢走，回去告诉你们的主人，就说李燕北今日既然未死，总有一天会去找他的！"

左面的屋檐上，忽然又响起了一阵掌声。

一个人带着笑道："好！好风度，好气派！果然不愧是仁义满京华的李燕北。"

李燕北也笑了："只可惜仁义满京华的李燕北，纵然有三头六臂，也比不上陆小凤的两根手指！"

一个人大笑着从屋上跃下，轮廓分明的脸上，带着满脸风尘之色，但一双眸子却还是明亮的，眉毛也依旧漆黑。四条眉毛。除了他之外，世上绝没有任何人的胡子长得和眉毛同样挺拔秀气。

"你知道是我？"

"金钱镖要用指力。"李燕北微笑，"能以两枚铜钱割断二十八张弓弦的，除了陆小凤外，世上还有谁？"

02

太阳已升起,豆汁锅里冒出来的热气,在阳光下看来,也像是雾一样。

陆小凤用火烧夹着猪头肉,就着咸菜豆汁,一喝就是三碗,然后才长长吐出口气,擦着汗笑道:"三年未到京城,你知道我最怀念的是什么?"

李燕北微笑道:"豆汁?"

陆小凤大笑点头:"第一怀念的是豆汁,第二是炒肝,尤其是荟仙居的火烧炒肝,还有润明楼的褡裢火烧和馅饼周的馅饼。"

李燕北道:"我呢?"

陆小凤笑道:"肚子不饿的时候,我才会想到你。"

李燕北道:"但你只怕却想不到我也会有几乎死在别人手里的一天?"

陆小凤承认:"我也想不到你会放他们走的!"

李燕北道:"你以为我喜欢杀人?"

陆小凤又笑了:"你若喜欢杀人,自己只怕也已活不到今天。"

李燕北道:"可是你……"

陆小凤道:"可是你至少也该问问,他们是谁派来的!"

李燕北也笑了笑:"我不必问。"

陆小凤道:"你已知道?"

李燕北的笑容看来并不很愉快,淡淡道:"除了城南老杜外,谁有这么大的胆子?"

陆小凤道:"杜桐轩?"

李燕北点点头,手里刚拿起的一个油炸螺丝卷儿,已被捏得粉碎。

陆小凤道:"这十年来,你跟他一向井水不犯河水,他早已该知道你并不是个容易被暗算的人,为什么还要来冒这种险?"

李燕北道:"为了六十万两银子和他在城南的那块地盘。"

陆小凤不懂。

李燕北道:"我已跟他打了赌,就赌六十万两银子和他的全部地盘。"这赌注实在不小。

陆小凤忍不住长长吸了口气:"你们赌的是什么?"

李燕北道:"赌的就是九月十五的一战!"

月圆之夜,紫金之巅,一剑西来,天外飞仙!

李燕北道:"那一战的日子本来是八月十五日,地方本来是在秣陵的紫金山上,可是西门吹雪却坚持要将日期延后一个月,地方也改在这里。"

陆小凤道:"我知道。"

李燕北道:"自从八月十五那一天之后,江湖中就再也没有人看见过西门吹雪的行踪!"

陆小凤叹了口气,这件事他当然也知道。他也正在找西门吹雪,找得很苦。

李燕北道:"所以大家都认为西门吹雪一定是怕了叶孤城,一定已躲起来不敢露面了。"

陆小凤道:"但你却知道他绝不是个这么样的人!"

李燕北点点头,道:"所以别人虽然都已认为他必败无疑,但我却还是要赌他胜!无论多少我都赌。"

陆小凤道:"这机会杜桐轩当然不会错过。"

李燕北道:"所以他跟我赌了。"

陆小凤道:"用他的地盘赌你的地盘?"

李燕北道:"他若输了,另外还得多加六十万两银子。"

陆小凤道:"我知道,一个月以前,就有人愿意以三博二,赌叶孤城胜!"

李燕北道:"前两天的盘口,已经到了以二博一,每个人都看好叶孤城,直到昨天上午为止,杜桐轩还认为他已十拿九稳。"

陆小凤道:"直到昨天上午为止?"

李燕北道:"因为昨天下午,情况就已突然改变了!"

陆小凤道:"哦?"

李燕北凝视着他,道:"你难道真的还没有听说叶孤城已负伤的消息?"

陆小凤摇摇头,显得很吃惊:"他怎么会负伤的?有谁能伤得了他?"

李燕北道:"唐天仪。"

陆小凤皱眉道:"蜀中唐家的大公子?"

李燕北道:"不错!"

陆小凤道:"叶孤城久居海外,怎么会和蜀中唐家的人有过节?"

李燕北道:"据说他们是在张家口附近遇上的,也不知为了什么,发生冲突,叶孤城虽然以一招'天外飞仙'重伤了唐天仪,可是他自己也中了唐天仪的一把毒砂。"

蜀中唐门的毒药暗器,除了唐家的子弟外,天下无人能解。无论谁中了他们的毒药暗器,就算当时不死,也活不了多久。

李燕北道:"这消息传到京城,那些买叶孤城胜的人,一个个全都成了热锅上的蚂蚁,有的人急得想上吊,有的人想尽了千方百计,去求对方将赌约作废。"

陆小凤道:"对方若是死了,这赌约自然也就等于作废了!"

李燕北冷笑道:"所以杜桐轩才一心要将我置之死地!"

陆小凤叹了口气,这件事的来龙去脉,他总算已完全明白。

李燕北道:"据说就在昨天晚上一夜之间,京城中至少已有三十个人因此而死,连西城王府里的护院'铁掌翻天',都被人暗算在铁狮子胡同后面的陋巷里,因为他已赌了八千两银子,买西门吹雪胜。"

陆小凤叹道:"想不到八千两银子就买了赵铁掌的一条命!"

李燕北道:"有时八十两银子,也已足够买人的一条命!"

陆小凤看看面前的猪头肉和火烧,忽然觉得胃口变得很坏。

"有没有人亲眼看见叶孤城和唐天仪的那一战?"他忽然又问。

李燕北道:"没有。"

陆小凤再问:"既然没有人亲眼看见,又怎知道这消息是真的?"

李燕北道:"因为大家都相信说出这消息来的人,绝不会说谎话!"

陆小凤道:"这消息是谁传来的?"

李燕北道:"老实和尚。"

陆小凤说不出话了。对老实和尚的信用,无论谁都无话可说的。

李燕北道:"老实和尚是昨天午时过后到京城的,一到了之后,就去'耳朵眼'吃花素水饺,吃一个饺子,叹一口气!"

猪头肉上的油,已在北国九月的冷风中凝结,看来也像是一层薄薄的白霜。

李燕北道:"那时天门四剑恰巧也在那里吃饺子,就问他为什么叹气,他就说出了这消息来。"

听见这件事的人,当然还不止天门四剑。

李燕北道:"除了老实和尚和天门四剑外,这半个月来,已赶到京城的武林豪杰,已有四五百位之多。"

陆小凤看看猪头肉上的油腻，忽然觉得想呕吐。

李燕北道："据我所知，九月十五之前，至少还有三四百位武林名人会到这里来，其中至少有五位掌门人、十位帮主、二三十个总镖头，甚至连武当的长老木道人和少林的护法大师们都会到，只要是能抽得开身的，谁也不愿错过这一战。"

陆小凤突然用力一拍桌子，冷笑道："他们究竟将西门吹雪和叶孤城看成了什么东西？看成了两只变把戏的猴子？看成了两条在路上抢肉骨头的野狗？"

猪头肉和火烧被震得从桌上跳起来，又落下滚在路边。

李燕北吃惊地看着陆小凤。他从未看见过陆小凤如此激动，也想不通陆小凤为什么会如此愤怒。

他忍不住问："你难道不是为了要看这一战而来的？"

陆小凤握紧双拳，道："我只希望永远也看不到他们这一战！"

李燕北道："但现在叶孤城既然已负伤，西门吹雪已绝不会失败！"

陆小凤道："无论他们谁胜谁负都一样！"

李燕北道："西门吹雪难道不是你的朋友？"

陆小凤道："就因为他是我的朋友，所以我才不愿看着他像条狗一样，为了抢根看不见的肉骨头而跟人拼命！"

李燕北还是不懂："什么是看不见的肉骨头？"

陆小凤道："虚名。"

——别人眼中的虚名，就是那根看不见的肉骨头。

陆小凤冷笑道："这一战他若胜了，你就可以将杜桐轩的地盘据为己有。那些自命清高的剑客们，也可看到一场精彩的好戏，看出他们剑法中有什么绝招，有什么破绽。可是他自己呢？"

他自己岂非已胜了？可是他纵然胜了，又有什么好处？又有谁能了解胜利者的那种孤独和寂寞？

李燕北终于明白了陆小凤的意思。他静静地凝视着陆小凤，过了很久，才缓缓道："这一战是他们自己要打的，并没有别人逼他们！"

当然没有。世上绝没有任何人能逼他们做任何事。

李燕北道："我也是西门吹雪的朋友，我并不想要他跟人拼命，更不想利用他去抢老杜的地盘，可是他自己若要和人决斗，我也没法子阻拦！"他盯着陆小凤，一字字接着道："甚至连你也没法子阻拦。"

陆小凤不愿承认，也不能否认。

李燕北道："最重要的是，就连他们自己，也同样无法阻拦！"

世上本就有很多事是这样子的。一个人只要活在这世界上，就有很多事是他非做不可的，无论他是不是真的愿意去做都一样。

陆小凤忽然轻轻叹了口气，道："我累了，我想去洗个热水澡！"

03

浴池是用青石砌成的，水很热，陆小凤把自己整个人泡在热水里，尽量放松了四肢，他实在觉得很疲倦，一种从心底深处发出来的疲倦和厌倦。

每当他做完一件大事，破了一件巨案后，他都会有这种感觉，但却从没有像这次这么深。

绣花大盗、金九龄、鲁少华、公孙大娘、江重威、欧阳情、薛冰……他连想都不愿再想这些人。

尤其是薛冰。

只要一想起薛冰，他心里就像是被针刺着——绣花针，恶毒而尖锐的绣花针。

为了逃避这种痛苦，他甚至连公孙大娘都不愿再见。所以一到了金陵，他就偷偷地溜了。

只可惜这世上却偏偏还有些他不能逃避，也逃避不了的事。西门吹雪、叶孤城、杜桐轩、老实和尚……

他也不愿再想下去，忽然道："西门吹雪一定也已到了京城！"

"你有把握确定？"李燕北正伏在浴池的边沿上，一条精赤着上身的大汉，正在用力替他擦背。这地方是他的地盘，他在这里，就正如君王在自己的城堡里同样安全。

陆小凤道："西门吹雪一向有种奇怪的想法！"

"什么想法？"

"他总认为杀人和被杀都是件非常神圣的事！"

"哦？"

陆小凤道："所以他无论和谁决斗，一定会在几天之前到那里去，先斋戒三日，再焚香沐浴。"

李燕北忽然笑了笑，道："你认为他这样做很奇怪？"

"你认为不奇怪？"

"嗯。"

"为什么？"

李燕北道："因为我若是他，我也会这样做的！"

他举手示意，叫那大汉擦得再用力些，十多年醇酒美人的享乐生活，至今未在他身上留下任何丑陋的痕迹。他的腹部依旧平坦，肌肉依旧充满了弹性，这每天一次的热水澡和强力按摩，对他的帮助实在很大。

"斋戒和沐浴都可以使人的精神健旺，事先到决斗的地方去，熟悉当地的情况，决战时就可以占尽地利，所以我一直认为西门吹雪绝不是个容易被击败的人，若没有七分以上的把握，他根本就不会出手。"

陆小凤道:"所以你也认为他一定已到了京城?"

李燕北道:"嗯。"

陆小凤道:"只不过直到今天,你还没有发现他的行踪?"

李燕北道:"还没有!"

陆小凤皱眉道:"两个像他们那么样引人注意的人到了京城,竟连你都没有听到一点风声,这倒真是件怪事。"

李燕北也皱了皱眉:"两个人?还有一个是谁?"

陆小凤道:"孙秀青。"

李燕北道:"是个女人?"

陆小凤道:"是个很美的女人!"

李燕北道:"在决战之前,他会带着个女人在身边?"

陆小凤道:"别的女人他绝不会带,可是这个女人却不同。"

李燕北的浓眉皱得更深,过了很久,才长长叹了口气,道:"幸好叶孤城已负伤,否则……"他翻了个身,声音突然停顿,热气弥漫的浴室门外,忽然出现了条幽灵般的人影。

李燕北厉声喝问:"什么人?"

这个人没有回答他的话,却阴恻恻一笑,道:"今天你不该到这里来洗澡的!"

李燕北再次喝问:"为什么?"

"因为杜桐轩既然能收买孙冲,就同样也能收买替你擦背的人!"

精赤着上身的大汉脸色已变了,想冲出去,李燕北却已拧住了他的臂。他本来也是个强壮而有力的人,可是在李燕北手下,他却无挣扎反抗的余地。他想挣扎时,已听见自己肘骨被拧断的声音。

"巾上有毒,若要解药,到前门外的春华楼去等。"这人影的行动也快如鬼魂,袍袖一拂,人已不见。

李燕北大喝道："朋友是什么人？为何不容李某报答相救之恩！"

只听见这人的声音远远传来，道："到了春华楼，你就知道我是谁了，那时你再报答也不迟！"说到最后一句话，声音已远在十余丈外。

李燕北一把夺下那大汉手上擦背的布巾，大汉正失声惨呼，李燕北已将毛巾塞入他嘴里。他呼声骤然停顿，身子突然一阵抽搐，全身立刻跟着收缩，突然间就倒在地上，动也不动了。这块白布巾上竟赫然真的有毒。

刚才这大汉用力替他擦背时，巾上的毒性，已渗入他的毛孔，渗入他的肌肤里。李燕北全身的肌肉，突然变得无法控制，不停地跳动起来。

陆小凤也不禁动容："好厉害的杜桐轩，好恶毒的手段！"

"刚才那个人又是谁？"李燕北用力握紧双拳，控制着自己，"他怎么会知道杜桐轩的阴谋？为什么要赶来救我？"要知道这答案只有一个法子，到春华楼去！

04

春华楼也在李燕北的地盘里。他们是坐车去的，李燕北虽然喜欢走路，可是为了怕毒性发作，也已不敢再多用一分力气。

看见他的人，对他还是和平时同样尊敬，远远地就弯下腰来躬身问安，谁也看不出这虎豹般的壮汉，性命已危在旦夕。李燕北对这些人当然已没有平时那么客气——无论谁身体里若是埋伏着一包随时都可能会引燃的火药，心情都不会太好的。

春华楼的地方很大，生意很好，他们来的时候，本来已座无虚席。可是李燕北无论到了什么地方，都自然会有人站起来让座的，他们选了张居中的桌子,面对着楼梯,只要有人上楼,他们一眼就可以看见——没有人上楼,只有人下楼。

看见李燕北的满脸杀气,知趣的人都已准备溜了,已有人在悄悄地结账,也有人在窃窃私议……

突然间,所有的声音一起停顿。所有的眼睛,都盯在一个人身上,一个刚走上楼来的人。

这人很高,很瘦,穿着极考究,态度极斯文,年纪虽不甚大,两鬓却已斑白,一张清癯瘦削的脸上,仿佛带着三分病容,却又带着七分威严,令人绝不敢对他有丝毫轻视。

他穿着的是件宝蓝色的长袍,质料颜色都极高雅,一双非常秀气,保养得也非常好的手上,戴着枚价值连城的汉玉扳指,腰畔的丝绦上,也挂着块毫无瑕疵的白玉璧,看来就像是朝廷中的清贵,翰苑中的学士。

事实上,有多人都称他为学士,他自己也很喜欢这名字,但他当然并不是真的学士。

他是微笑着上楼来的,可是每个人看见他都似已笑不出了。尤其是李燕北,脸色更已发青。

没有人想得到杜桐轩居然会出现在李燕北的地盘里,就正如没有人想得到豺狼会走入虎穴一样。这十年来,杜桐轩的足迹确实也从未离开过城南一步。

杜学士一向都是个极谨慎、极小心的人,今天怎么会忽然变了性?

更令人想不到的是,他居然笔直走到李燕北面前,微笑抱拳,道:"李将军别来无恙?"

他喜欢别人叫他杜学士,李燕北却最恨别人叫他李将军。

陆小凤笑了。他觉得无论学士也好,将军也好,这两个名字听来都有点滑稽。

杜桐轩也在看着他，微笑道："阁下莫非就是'心有灵犀一点通'的陆小凤陆大侠？"

陆小凤笑道："你不是学士，他不是将军，我也不是大侠，我们大家最好都不必客气。"

杜桐轩居然面不改色，态度还是彬彬有礼。看他的样子，就连陆小凤都看不出他就是那杀人不眨眼的城南老杜。

李燕北目光刀锋般盯着他，突然道："我若是你，我绝不会到这里来！"

杜桐轩道："我不是你，所以我来了……"

李燕北道："你不该来的！"

杜桐轩道："我已来了。"

李燕北冷笑道："你要来，可以来，要走，只怕就很不容易！"

杜桐轩居然又笑了："李将军要报答别人的救命之恩，用的难道就是这种法子？"

李燕北怔住。

杜桐轩已伸出那双戴着汉玉扳指的手，拉开椅子坐下来，微笑道："我本来以为你至少应该请我喝杯酒。"

李燕北终于忍不住问道："刚才救我的人真是你？"

杜桐轩点点头。

李燕北盯着他，道："今天一日间，两次要杀我的也是你？"

杜桐轩淡淡道："有时我是个容易改变主意的人！"

李燕北道："是什么事让你改变了主意？"

杜桐轩没有回答这句话，却忽然提高声音道："解药。"

这两个字刚说出口，他身后就忽然多了个人。一个枯瘦矮小的黑衣人，惨白的脸上完全没有丝毫表情，却配上了一双深深凹下去的漆黑眼睛，若不是这双眼睛，他看来就完全像是个死人。

酒楼上这么多人，竟没有一个人看清楚他是怎么来的。死人般的脸，鬼魅般的身法——李燕北立刻发现他就是刚才在浴室外倏忽来去的人。他已伸出双鹰爪般的手，将一只惨碧色的小瓶摆在桌上。

杜桐轩道："这就是解药，你最好快趁毒性还未发作之前，赶快吃下去！"

李燕北握紧双拳。要他在这么多双眼睛前，接受城南老杜给他的解药，实在是件很难堪的事。

可是他偏偏不能拒绝。

杜桐轩也知道他不能拒绝，悠然道："我本是专程为你送解药来的，可是现在……"

李燕北道："现在你又改变了主意？"

杜桐轩笑了笑道："我只不过忽然又想起件事要问问你！"

李燕北道："什么事？"

杜桐轩道："不知道你是不是愿意将我们的赌注再增加一些？"

李燕北又怔了怔："你还想把赌注再增加？"

杜桐轩道："你不敢？"

李燕北道："你还想增加多少？"

杜桐轩道："你还有什么可赌的？"

李燕北的手又在桌下握紧："我在四大恒钱庄，还存着有八十万两银子！"

杜桐轩道："那么我明天一早也存一百二十万两进去！"他眼睛里发着光，"我不想占你便宜，我们的赌注还是以三博二！"

李燕北的眼睛里也发出了光，盯着他，一字字道："我若输光了，就立刻离开京城，只要你活着一天，我就绝不再踏入京城一步！"

杜桐轩道："我若输了，就立刻出关，只要你活着一天，我就绝不再入关一步。"

李燕北道："一言为定？"

杜桐轩道："击掌为信。"

两个人慢慢地伸出手，眼睛盯着对方的眼睛。酒楼上忽然又变得完全没有声音。这一场赌实在赌得太大，他们无异已将自己全部身家性命都押了上去。

大家看着他们的手，自己的心里仿佛也在为他们捏着把冷汗。只听"啪"的一声，掌声一响。这一响掌声，也不知是为谁敲响了丧钟？

李燕北的表情很沉重，过了很久，才慢慢地放下手。

杜桐轩却笑得更得意："你一定很奇怪，为什么我明知叶孤城已负伤，还要跟你赌？"

李燕北并不否认，他实在很奇怪。每个人都在奇怪。杜桐轩一向小心谨慎，没有把握的事，他本来绝不会做的。他为什么会如此有把握？

这问题很快就有了答案！

05

风从窗外吹过，大家忽然嗅到了一阵奇异的花香，然后就看见六个乌发垂肩、白衣如雪的少女，提着满篮黄菊，从楼下一路洒上来，将这鲜艳的菊花，在楼梯上铺成了一条花毡。

一个人踩着鲜花，慢慢地走了上来。他的脸很白，既不是苍白，也不是惨白，而是一种白玉般晶莹泽润的颜色。

他的眼睛并不是漆黑的，但却亮得可怕，就像是两颗寒星。他漆黑的头发上，戴着顶檀香木座的珠冠，身上的衣服也洁白如雪。

他走得很慢，走上来的时候，就像是君王走入了他的宫廷，又像是天上的飞仙，降临人间。

李燕北不认得这个人，从来也没有看见过这个人，但却已猜出这个人是谁！

"一剑西来，天外飞仙！"白云城主叶孤城赫然来了！他没有死！

他全身都仿佛散发着一种令人目眩眼花的光彩，无论谁都看得出他绝不像是个受了伤的人。

李燕北看着他，连呼吸都已几乎停顿，心已沉了下去。叶孤城并没有看他，一双寒星般的眼睛正盯着陆小凤。陆小凤微笑。

叶孤城道："你也来了。"

陆小凤道："我也来了！"

叶孤城道："很好，我知道你一定会来的！"

陆小凤没有再说什么，因为叶孤城的目光已忽然从他面上移开，忽然道："哪一位是唐天容？"他嘴里在问这句话的时候，眼睛已盯在左面角落里一个人的身上。

这个人一张本来很英俊的面容，现在似已突然扭曲僵硬。他一直一个人静静地坐在角落里，连陆小凤上来时都没有注意到他。他的年纪还很轻，衣着很华丽，眼睛里却带着种食尸鹰般残酷的表情。

这一双眼睛也正在盯着叶孤城，一字字道："我就是唐天容！"

在他和叶孤城之间坐着的七八桌人，忽然间全都散开了，退到了两旁角落里。

叶孤城道："你知道我是谁？"

唐天容点点头。

叶孤城道："你是不是在奇怪，我怎么直到现在还活着？"

唐天容嘴角的肌肉似在跳动，道："是谁替你解的毒？"

这句话问出去，大家才知道老实和尚这次还是没有说假话。叶孤城的确受了伤，的确中了唐家的毒砂。可是这种久已令天下武林中人闻名丧胆的毒药暗器，在叶孤城身上竟似完全没有什么效力。

是谁替他解的毒？

大家都想听叶孤城回答这句问话，叶孤城却偏偏没有回答，淡淡道："本来无毒，何必解毒？"

唐天容道："本来无毒？"

叶孤城道："一点尘埃，又有何毒？"

唐天容脸色变了："本门的飞砂，在你眼中只不过是一点尘埃？"

叶孤城点点头。唐天容也不再说话，却慢慢地站了起来，解开了长衫，露出了里面一身劲装。

他的服装并不奇怪，也不可怕。可怕的是，紧贴在他左右胯骨的两只豹皮革囊和插在腰带上的一双鱼皮手套！

酒楼上又变得静寂无声，每个人都想走，却又舍不得走。大家都知道就在这里、就在这时，立刻就要有一场惊心动魄的恶战开始。

唐天容脱下长衫，戴上手套。鱼皮手套闪动着一种奇怪的碧光，他的脸色仿佛也是惨碧色的。

叶孤城静静地站着、看着，身后已有个白衣童子，捧上一柄形式极古雅的乌鞘长剑。剑已在手！

唐天容盯着他手里的这柄剑，忽然道："还有谁认为本门的飞砂只不过是一点尘埃的？"

当然没有！

唐天容道："若是没有别人，各位最好请下楼，免得受了误伤！"

舍不得走的人也只好走。唐家毒砂在武林人的心目中，比瘟疫更可怕，谁也不愿意沾上一点。

叶孤城却忽然道："不必走！"

唐天容道:"不必?"

叶孤城淡淡道:"我保证你的飞砂根本无法出手!"

唐天容脸色又变了。唐家毒药暗器的可怕,并不完全在暗器的毒,更因为唐家子弟出手的快!

纵然看见过他们暗器出手的人,也无法形容他们出手的速度。但这次唐天容的暗器竟真的未能出手。他的手一动,剑光已飞起!

没有人能形容这一剑的灿烂和辉煌,也没有人能形容这一剑的速度!那已不仅是一柄剑,而是雷神的震怒,闪电的一击!剑光一闪,消失。

叶孤城的人已回到鲜花上。唐天容却还是站在那里,动也没有动,手已垂落,脸已僵硬。

然后每个人就都看见了鲜血忽然从他左右双肩的琵琶骨下流了出来。眼泪也随着鲜血同时流了下来。他知道自己这一生中,是永远再也没法子发出暗器的了。对唐家的子弟说来,这种事甚至比死更可怕、更残酷!

现在叶孤城的目光,已又回到陆小凤脸上。

陆小凤忍不住道:"好一招天外飞仙!"

叶孤城道:"那本是天下无双的剑法!"

陆小凤道:"我承认!"

叶孤城眼睛里忽然露出种奇怪的表情,问了句奇怪的话:"西门吹雪呢?"

陆小凤道:"我不是西门吹雪。"奇怪的问话,也只有用奇怪的话回答。

叶孤城笑了,凝视着陆小凤,缓缓道:"幸好你不是。"微笑着转过身,走了下去。

然后这酒楼就忽然变得像是一锅刚煮沸的滚水，起了一阵骚动。有的人大声争议，有的人抢着奔下楼，抢着将这消息传出去。叶孤城既没有死，也没有伤。每个人都已看到了他的剑法！天下无双的剑法！李燕北也看见了，看得很清楚，所以现在他眼前似已变得空无一物。

杜桐轩看着他，忽然笑道："你现在总该知道，我为什么会改变主意了吧？"

李燕北没有回答，也不必回答。

杜桐轩道："我一向只杀人，不救人，这次却破了例，因为我不想你死！"他微笑着站起来，慢慢地接着道，"因为死人不能付账，赌账。"

06

赌账。只有死人，才可以不付这笔赌账。只要李燕北还活着，就非付不可，言而无信的人，是没法子在这地方混的！

现在那一战虽然还未开始，但每个人都认为李燕北已输定了！输了就非付不可。若是付了这笔赌账，就算还活着，也已跟死人差不了许多。

李燕北慢慢地拿起了桌上的解药，忽然笑了笑，道："不管怎么样，杜桐轩总算救了我一次！"他笑得实在很勉强，拿着解药的手，也仿佛在轻轻发抖。

陆小凤道："不管怎么样，你现在总算还活着，而且还没有输！"

李燕北点点头道："至少现在还没有。"

陆小凤凝视着他："可是现在你已不像以前那么有信心！"

李燕北没有否认，也不能否认，沉默了很久，忍不住长长叹了口气道:"那一剑实在是天下无双的剑法。"

陆小凤道:"天下无双的剑法,并不一定是必胜的剑法!"

李燕北道:"哦?"

陆小凤道:"世上还没有必胜的剑法!"

李燕北道:"我知道西门吹雪至今也没有败过,他本来至少应该有五成把握,可是现在……"

陆小凤道:"现在怎么样?"

李燕北又笑了笑,笑得更勉强:"现在他若已到了京城,我就应该知道的!"

陆小凤道:"你既然不知道,就表示他现在还没有到京城?"

李燕北道:"可以这么说!"

陆小凤道:"他现在既然还没有到京城,是不是就表示他对自己也已没有把握?"

李燕北反问道:"你看呢?"

陆小凤道:"我看不出,还没有发生的事,我从不愿去胡思乱想!"

李燕北又沉默了很久,忽然问道:"你认不认得跟着杜桐轩来的那个人?"

陆小凤摇摇头。

李燕北道:"但你想必也该看得出,他的轻功很不错!"

陆小凤道:"岂止很不错,当今天下,轻功比他高的人,绝不会超出十个!"

李燕北道:"你的交游和见识都很广,你应该猜得出他是谁?"

陆小凤沉吟着,道:"若不是他的身材瘦小,我一定会认为他是司空摘星!"

李燕北道:"他不是?"

陆小凤道："绝不是！"

李燕北道："所以你也想不出他是谁？"

陆小凤道："可是我总觉得这其中一定有点不对！"

李燕北道："什么不对？"

陆小凤道："无论他是什么人，以他的身手，都不该做杜桐轩那种人的奴才！"

李燕北没有再说什么，又过了很久，才缓缓说道："你刚到京城来，我知道你一定想到城里去逛逛，你一定会遇见很多朋友。"

陆小凤承认。他的确想看看究竟已有些什么人到了这里，他还想去找找老实和尚。

李燕北道："今天晚上，我到金鱼胡同的福寿堂去叫一桌菜，送到家里去，我们在家里吃饭！"

陆小凤道："好！"他忽又笑了笑："却不知是你哪个家？"

李燕北也笑了："今天是十三，我本该在十三姨家里吃晚饭的，她也早就想见见你，为什么会有四条眉毛。"

陆小凤笑道："我也想见见她，听说她是位很出名的美人！"

李燕北大笑："好，吃晚饭的时候，我叫人在这里等着接你去！"

陆小凤道："若是遇见了花满楼，我说不定会拉他一起去！"

李燕北道："行。"

陆小凤忽然叹了口气："奇怪的是，他好像也跟着西门吹雪一起失踪了，若是能找得到他，说不定就能找到西门吹雪！"

李燕北道："为什么？"

陆小凤道："他找人总有种特别的本事，连我都说不出那究竟是怎么回事！"

李燕北道："你若到外面去走走，他说不定会先找你！"

陆小凤道："很可能。"

李燕北道:"那你现在还在等什么?"

陆小凤看着他,缓缓道:"等你先吃完药!"

李燕北道:"你要看着我吃药再走?"

陆小凤点点头。

李燕北又大笑:"你放心,我现在还不想死,我不能一下子就让三十个女人同时做寡妇!"

第二章

斯人独憔悴

01

九月十三,午后。陆小凤从春华楼走出来,沿着又长又直的街道大步前行。

太阳已升起。

他觉得这实在是个非常美丽的城市,街道平坦宽阔,房屋整齐,就连每一家店铺的店面,装修得都远比其他的城市精致。

他也知道这城市中最美的,既不是街道和房屋,也不是那天下驰名的风景名胜,而是这里的人情。无论你是从哪里来的,无论你要到哪里去,只要你来过,你就永远也忘不了这城市。

过了正午,就开始有风。只要一开始有风,就会吹起满天尘土,可是无论多么大的尘土,也掩不住这城市的美丽。

陆小凤虽然走得很快,却完全没有目的地。

他想找的人,连一个都没有看见,却看见很多他不想看见的人。

他第一个看见的是欧阳情。

欧阳情也在前门外的珠宝市里闲逛,旁边好像还有个衣着华丽、满头珠翠的妇人陪着。

这妇人仿佛很美，陆小凤却不敢多看一眼。看见了欧阳情他就立刻扭转头——他又想起了薛冰。

欧阳情明明也已看见了他，却也装作没有看见，忽然挽着那妇人的手，坐上了一辆黑漆马车。

直到马车绝尘而去，陆小凤才转过头，痴痴地看着车轮后扬起的尘沙，心里也不知在想什么。

他本该继续想薛冰的，却也不知为了什么，竟忽然想起了老实和尚。

对面街上，有几个人正在向他含笑招呼，几步外却有个少年以手按剑，在瞪着他。

他认得那些人，其中有两个是川湘一带镖局里的总镖头，有一个武当门下的弟子，还有一个好像是川中袍哥的龙头老大。但他却不认得那个正在用眼睛狠狠瞪着他的佩剑少年。

这少年的眼睛居然很凶，一脸要过来找麻烦的神气。陆小凤却不想找麻烦，所以他只向那边几个人点了点头，就匆匆转过身，走上了东面一条街。

忽然间，一只手从街道旁的一家古玩字画店伸出来，拍了拍他的肩。

"你果然来了，我就知道你会来的！"一个长着满头银丝般白发，身上却穿着件破道袍的道人，大笑着从店里走出来，后面还跟着个面容清癯、修饰整洁的老者。竟是木道人和古松居士。

陆小凤只好也笑了笑，道："我也知道你们一定会来的！"

木道人大笑。这位武当长老虽已年近古稀，却还是满面红光，精神抖擞，而且游戏风尘，脱略形迹，很少有人能看得出他就是当代最负盛名的三大剑客之一。

他拍着陆小凤的肩，大笑道："这一战我当然不愿错过，我就算真的已老得走不动了，爬也要爬来。"

陆小凤淡淡道："你是不是想看看他们剑法中有什么破绽，再找他们斗一斗？"

木道人也不生气，却叹息着道："我已老了，既不想再找人斗剑，也不想再跟人拼酒，若有人要找我下棋，我倒愿意奉陪。"

古松居士忽然道："其实我们正在找你！"

陆小凤道："找我？找我干什么？"

古松居士道："我们约好了一个人下午见面，正想找你一起去！"

陆小凤道："你们约好的人，为什么要我去？"

木道人抢着笑道："因为这个人你一定也想见见的！"他笑得仿佛很神秘。

陆小凤忍不住问："这人是谁？"

木道人笑得更神秘："你既然想知道他是谁，为什么不跟我们一起去？"

陆小凤当然不会不去的。他本就一向是个禁不起诱惑的人，而且比谁都好奇。

02

他们约会的地方很怪，竟是在城外一个久已荒废的窑场里，一个个积满了灰尘的窑洞，看来就像是一座座荒坟。

陆小凤皱眉道："城里有那么多好去处，你们为什么偏偏要约人到这里来见面？"

古松居士道："因为我们约的是个怪人！"

木道人道:"严格来说,应该是三个怪人——一个一辈子没做过一天正经事的无赖、两个比我还怪的老头子!"

古松居士道:"但这两个老头子却不是等闲人,据说世上从来也没有他们不知道的事,更没有他们解决不了的问题。"

木道人看着陆小凤,笑道:"现在你想必已知道我们约的是谁了?"

陆小凤当然已知道。就在这时,已有个又瘦又矮、头大如斗的怪人,骑着匹骡子,摇摇晃晃地走过来,人还没有到,远远就嗅到一股酒气,这人竟好像永远也没有清醒的时候。

陆小凤笑了。每次他看见龟孙子大老爷的时候,都忍不住要笑。

"这次阁下居然没有等人去赎你出来,倒真是件怪事!"

孙老爷斜着眼睛白了他一眼,道:"你也来了,我……"

陆小凤笑道:"你早就知道我会来的,对不对?"

孙老爷叹了口气,喃喃道:"不该来的人全来了,该来的反而没有来……"他抬起腿,从骡子上跳下来,两条腿好像还是软的,几乎就摔了个大跟斗。

木道人忍不住笑道:"说老实话,你有没有完全清醒过一天?"

孙老爷的回答很干脆:"没有。"

木道人大笑道:"这人有个好处,他有时简直比老实和尚还老实。"

孙老爷喃喃道:"醉乡路稳宜常至,他处不堪行……醉里乾坤大,壶中日月长,我又为什么要清醒?"

木道人大笑:"你实在是个有福气的人,比我们都有福气。"

孙老爷道:"因为我比你们都聪明!"

木道人道:"哦?"

孙老爷道:"我至少不会花五十两银子,去问些根本不必问的事！"

古松居士没有笑，他一向不是个喜欢说笑的人，板着脸道："大通和大智两位老先生呢？"

孙老爷道："我既然约你们在这里见面，他们当然就在这里！"

古松居士道："在哪里？"

孙老爷随手向前面一指："就在那里！"他指的是个窑洞。

古松居士皱眉道："他们在那破窑洞里干什么？"

孙老爷也白了他一眼，冷冷道："你为什么不问他们自己去！"

陆小凤忍住笑，道："问这句话也得出五十两银子？"

孙老爷道："当然，无论问什么，都得要五十两银子，而且……"

陆小凤道："而且还是老规矩，只能在外面等，不能进去！"

孙老爷叹了口气，道："看来还是你比较聪明！"

窑洞低矮而阴暗，即使像孙老爷这么瘦小的人，也得弯下腰才能钻得进去——一开始陆小凤甚至在担心他的头比洞大。可是他终于钻了进去，就像是个死人钻进了坟墓，显得又滑稽、又恐怖。

过了没多久，就听见他的声音从里面传出来："开始！"

03

第一个问话的人是木道人，这次约会显然就是他安排的。他还没有问的时候，陆小凤就已经猜出他要问的是什么了。

"九月十五的那一战，你看究竟是西门吹雪能胜？还是叶孤城？"这本就是人人都想问的一个问题。若是真的能知道这问题的答案，一定有很多人情愿花比五十两银子多五十倍的代价。

"你只花五十两,就想知道这答案,未免太便宜了些。"回答这问题的是大智,陆小凤听见过他的声音。

"但我却还是不妨告诉你!"大智接着道,"这一战他们两个人都不会胜!"

"为什么?"这已是第二个问题,木道人第二次抛入了五十两银子。

"两虎相争,必有一伤,这句话虽古老,却并不正确。"大智接着回答,"两虎相争的结果,通常是两条老虎都要受伤,真正能得胜的,只有那些等在旁边看的猎人。"

陆小凤静静地听着,眼睛里已露出赞许之意。他觉得"大智"的确不愧是"大智",只有真正具有大智大慧的人,才懂得用如此聪明的方法来回答问题。

"西门吹雪是不是已到了京城?"木道人再问。

"是。"

"他的人在哪里?"

"在一个别人很难找到的地方,因为在九月十五之前,他不想见人。"

这也是个很聪明巧妙的回答,却没有人能说回答不正确。木道人叹了口气,仿佛觉得自己这二百两银子花得不太值得。

"叶孤城是不是真的已被唐家的毒药暗器所伤?"这次问话的是古松居士。

"是。"

"唐家的毒药暗器,除了唐家的独门解药外,还有没有别的法子可救?"

"有。"回答这句话的是大通,世上所有兵刃暗器,他绝没有一种说不出来历的。

古松居士也叹了口气,像是在为叶孤城庆幸。但陆小凤却知道他并不是叶孤城的朋友,叶孤城的朋友并没有几个。

"你们为什么总是不愿见人?"木道人忽然又问。

"因为这世上根本没有值得我们见的人!"

木道人苦笑,这五十两银子花得更冤,他转向陆小凤:"你有没有什么话要问的?"

陆小凤并没有什么自己解释不了的问题,可是自从他在珠宝市外,看见了欧阳情后,却忽然想起了几件奇怪的事。他认为这些事大智也许能解释。

"欧阳情真的还是个处女?"

这是个很奇怪的问题。木道人想不通他怎么会在此时此刻,问出这么样的问题来。

过了很久,窑洞中才传出回答:"是的。"

"老实和尚是不是真的很老实?"

"是的。"

陆小凤眼中带着沉思之色,又问道:"他的俗家姓什么?究竟是什么来历?"

"没有人知道他的来历。"这回答简直已不能算是回答。陆小凤也不禁苦笑。

这银子虽然花得太冤,可是他还有几件事一定要问:"你知不知道跟着杜桐轩的那个人是谁?"

"是……"大通的回答突然被一阵奇异的吹竹声打断。幸好这声音虽尖锐,却短促,远远地一响就听不见了。

"跟着杜桐轩的那黑衣人是谁?"陆小凤再问。窑洞中仍无回应。陆小凤等了很久,又再问了一遍。还是没有回答。拿了别人的银子,却不肯回答别人问的话,这种事以前还从未发生过。

陆小凤皱了皱眉，正想再问，突听"嗖"的一声，一条赤红的小蛇从窑洞中箭一般蹿了出来，在草丛中一闪，突然不见。这条蛇虽然短小，但动作却比闪电还快，蹿出去的方向，也正是刚才那阵吹竹声响起来的地方。

陆小凤脸色突然变了，大声呼唤："孙老爷，龟孙子大老爷！"

还是没有响应，窑洞里连一点声音都没有。陆小凤突然跳起来，用力一脚踢下去，本已颓败的砖窑，立刻被他踢破了个大洞。

月色从破洞中照进去，恰巧照在孙老爷脸上。他的脸已完全扭曲，死鱼般凸出来的眼睛里，充满了惊惧之色，舌头长长伸出，已变成死灰色，像是突然被人扼断了咽喉。

他的咽喉并没有断，喉头上却有两点血痕，血也是黑的。

木道人失声道："是刚才那条蛇？"

陆小凤点点头。无论谁都看得出，孙老爷一定是被刚才那毒蛇咬死的。无论谁只要被那种蛇咬上一口，都必死无疑。

这并不奇怪，奇怪的是，窑洞里竟赫然只有孙老爷一个人。

木道人再次失声问道："大通和大智呢？"

陆小凤沉默着，过了很久，才缓缓道："根本没有大通和大智这两个人。"

木道人怔住。他并不是真的不懂，但一时间却实在想不通。

陆小凤道："大通就是孙老爷，大智也是他。"

木道人道："他们三个人，本就是一个人？"

陆小凤点点头。

木道人道："可是他们的声音……"

陆小凤道："有很多人都能改变自己的声音，有些人甚至还能同时做出十七八个人和一大群猫狗在屋子里打架的声音来。"

木道人没有再问下去，江湖中的奇人怪事本就有很多，他见过的也不少。

古松居士却皱起了眉,说道:"这孙老爷故意制造出大通和大智这么样两个人来,为的就是要骗人的银子?"

陆小凤冷冷道:"他并没有骗人。"

"他没有?"

"他虽然拿了别人的银子,却也为别人解决过不少难题,他的见识和聪明,本不止值那么一点银子。"陆小凤脸上带着怒意,孙老爷是他的朋友,他不喜欢别人侮辱他的朋友。

古松居士显然已看出他的怒意,立刻叹息道:"我只不过在奇怪,以他的聪明才智,自己本可出人头地,为什么要假借别人的名义?"

陆小凤神色又变得很悲伤:"因为他是个好人,对于名和利,他都看得很轻!"

——也因为他的胆子太小、太怕事,所以总是在逃避。后面的话,陆小凤没有说出来,他一向喜欢孙老爷这个人。

"不管怎么样,他这么样做,并没有伤害到别人,唯一伤害的只是他自己。"

木道人也不禁长长叹息道:"这么样一个人,本不该死得太早的。"

古松居士叹道:"他早该知道这种地方本就是毒蛇出没之处。"

陆小凤道:"但那条毒蛇却绝不是自己来的!"

"为什么?"

"因为只有受过训练的毒蛇,才会咬人的咽喉。"

木道人动容道:"你认为那条毒蛇是别人故意放在这里,来暗算他的?"

陆小凤点点头,脸上又现出愤怒之色:"这条蛇显然已久经训练,只有在听见吹竹声时,才会发动攻击。"

窑洞里当然很暗。那条蛇又实在太小，孙老爷从阳光下走进来时，当然不会看见。

木道人也想起了刚才那阵吹竹声："吹竹的人，就是暗算孙老爷的人？"

陆小凤道："嗯。"

木道人道："他为什么要害死孙老爷？"

陆小凤道："因为他怕孙老爷说出他的秘密！"

木道人道："他是什么人？有什么秘密？"

陆小凤握紧双拳，一字字道："不管他是什么人，不管他有什么秘密，我迟早总要查出来的。"

木道人又长长叹息一声，直到现在，他才完全明白，为什么只有孙老爷才能找得到大通和大智，为什么大通大智总是不愿见人了。

但他却永远也想不到孙老爷究竟还知道多少别人不愿他说出的秘密，更想不到他怎么会知道这些秘密的。这些秘密也许已将随着他的尸身，永远埋藏在地下。陆小凤是不是真的能发掘出来呢？

04

棺材店里充满了新刨木花的气息，这种气息本来是清香的，可是在棺材店里嗅来，就总是令人觉得特别不舒服。

店里有两口上好的楠木棺材，仿佛最近还新油漆过一次。

"我要这一口。"陆小凤选了其中之一，他为朋友选的东西总是最好的。无论什么都是最好的，棺材也一样。

"这两口棺材都已有人先订下了。"棺材店的掌柜姓陈，也许是因为在棺材店做久了，所以纵然在笑的时候，看来也有点阴沉沉的。

陆小凤道:"棺材也有人预订?"

陈掌柜点点头:"是一位客人订好了要在九月十五晚上用的,小的也正觉得有点奇怪,他好像已知道那天晚上有两个人非死不可!"

九月十五!有两个人非死不可!

陆小凤脸色变了:"订棺材的人是谁?"

陈掌柜道:"他已将两口棺材的钱全部付清,却不肯留下姓名。"

陆小凤道:"他是个什么样的人?"

陈掌柜道:"是个驼背的老头子。"

陆小凤没有再问,无论谁都可以扮成驼背的老头子。他另外选了口棺材,已准备要走。

陈掌柜却忽然又道:"但那位客人却留下了两个名字,要我们刻在棺材上!"

陆小凤霍然回身:"是两个什么名字?"

陈掌柜道:"两个人的名字都很特别,一个叫叶孤城,一个叫西门吹雪!"

木道人本来是个很乐天的人,但现在脸色也显得很沉重。

"两个人都不会胜的……真正能得胜的,是那些在旁边等着看的猎人。"现在这些猎人中,居然有一个已替他们订好了棺材。

木道人勉强笑了笑,道:"也许这只不过是个恶作剧。"

陆小凤也笑笑,道:"很可能。"

他们脸上带着笑,走在秋日还未西沉的阳光下,微风吹动他们的衣袂,街上的行人看来都是生气蓬勃,天地间充满了生机。但他们的心里,却已有了死亡的阴影。他们当然都知道这绝不是恶作剧。

木道人看着远方蓝天下的一朵白云,忽然道:"你已见到了叶孤城?"

陆小凤道:"嗯。"

木道人道:"他看来像不像已受了重伤的样子?"

陆小凤没有直接回答这句话,淡淡道:"他一剑就洞穿了唐天容的双肩琵琶骨。"

受了重伤的人,当然绝不能一剑洞穿唐门高手的琵琶骨。唐天容本是唐门四大高手之一。

木道人沉吟着,道:"但老实和尚绝不会说谎,他也的确受了伤,那么,是谁替他解的毒?"

这句话陆小凤没有回答,也不能回答,眼睛也在看着远方的那朵白云,忽然道:"我很早以前就想到白云城去看看,却一直没有去过。"

木道人道:"我去过。"

陆小凤道:"想来那一定是个好地方,到了春秋佳日,那里一定是风光明媚,百花怒放!"

木道人道:"那里的花并不多,叶孤城并不是个喜欢饮酒赏花的雅士!"

陆小凤道:"他喜欢女人?"

木道人笑了笑,道:"喜欢女人的人,绝对练不成他那种孤高绝世的剑法!"

陆小凤不再说话,脸上却忽然露出种很奇怪的表情。每次他脸上带着这种表情时,心里都一定是在想着件奇怪的事。

木道人沉吟着,又道:"他既然已到了京城,当然也一定要先找个落脚的地方!"

陆小凤道:"他不像西门吹雪,他落脚的地方一定不难找。"

木道人道:"我想去找他!"

陆小凤道:"我知道你们是老朋友。"

木道人道:"你呢?"

陆小凤看了看天色,道:"晚上我有个约会,现在只怕已有人在春华楼等我。"

木道人道:"那么我们就在这里分手。"

陆小凤点点头,忽然又问道:"一个既不喜欢女人,又不喜欢花的人,若是要六七个女孩子在他前面,用鲜花为他铺路,是为了什么?"

木道人道:"这种人一定不会做这种事的!"

陆小凤道:"假如他做了呢?"

木道人笑道:"那么他一定是疯了。"

陆小凤实在也想不通叶孤城为什么会做出这种事的,他只知道一件事——叶孤城绝没有疯。

05

黄昏,黄昏之前,春华楼的客人还没有开始上座,陆小凤在楼下的散座里,找了个位子,要了壶京城中人最爱喝的香片,在等着李燕北派人来接他。

现在时候还早,他本该再到处去逛逛的,他有很多人要找。花满楼、西门吹雪、老实和尚……

这些人他都要找,可是他忽然又想找个地方坐下来,静静地思索,他也有很多事要思索。

斜阳从门外照进来,带来了一条长长的人影。人影印在地上,陆小凤抬起头,就看见了刚才手按长剑,对他怒目而视的年轻人。

这年轻人也在瞪着他,一只细长有力的手,还是紧握在剑柄上。

剑柄上密密地缠着一层柔丝，好让手握在上面时，更容易使力，还可以吸干掌心因紧张而沁出的汗。只有真正懂得用剑的人，才懂得用这种法子。

陆小凤一眼就可以看出这年轻人的剑法绝不弱，但他却不认得这个人。

只要他见过一面的人，他就永远也不会忘记，这年轻人却好像认得他，忽然走过来，竟笔直走到他面前，脸上的表情，甚至比杜桐轩走向李燕北时更可怕。难道这年轻人跟他有什么仇恨？

陆小凤想不出，所以就笑了笑，道："你……"

年轻人忽然打断了他的话，厉声道："你就是那个长着四条眉毛的陆小凤？"

陆小凤道："阁下是……"

年轻人冷笑，道："我知道你不认得我，但我却认得你，我想找你，已不止一天了。"

陆小凤道："找我？有何贵干？"

年轻人用一种最直接的法子回答了这句话，他用的不是语言，是剑。忽然间，他的剑已出鞘，冰冷锐利的剑锋，忽然间已到了陆小凤咽喉。

陆小凤笑了，他既没有招架，也没有闪避，反而笑了。

年轻人铁青着脸，厉声道："你以为我不敢杀你？"

他的剑并没有刺下去，但他用的确实是杀人的剑法，迅速、轻锐、灵敏。陆小凤见过这种剑法。四个月前，他在阁铁珊的珠光宝气阁，死在西门吹雪剑下的萧少英，用的也正是这种剑法。

这年轻人无疑也是独孤一鹤门下，"三英四秀"中的一个人。

"我不杀你，只因为我还有话要问你。"他的剑锋又逼近了一寸。

陆小凤反而先问道："你是张英风？还是严人英？"

年轻人脸色变了变，心里也不能不承认陆小凤的目光锐利："严人英。"

陆小凤道："你想问西门吹雪的下落？"

严人英握剑的手上暴出青筋，眼睛里却露出红丝，咬着牙道："他杀了我师父，又拐走我师妹，本门中上下七十弟子，没有一个不想将他活捉回山去，生祭先师的在天之灵。"

陆小凤道："可是你们找不到他。"

严人英道："所以我要问你。"

陆小凤叹了口气，苦笑道："可惜你又问错了人。"

严人英怒道："你若也不知道他的下落，还有什么人知道？"

陆小凤道："没有人知道。"

严人英盯着他，忽然道："出去！"

陆小凤道："出去？"

严人英道："我不想在这里杀你！"

陆小凤道："我也不想死在这里，却也不想出去。"

严人英手腕一抖，剑花错落，已刺出七剑，剑剑不离陆小凤咽喉方寸之间，陆小凤又笑了。

他还是没有招架，也没有闪避，反而微笑着道："你杀不了我的。"

严人英手心已在淌着汗，整个人都已紧张得像是根绷紧了的弓弦。

无论谁都看出他已紧张得无法控制自己，他手里的剑距离陆小凤咽喉已不及三寸。

春华楼的掌柜和伙计，也都已紧张得在发抖，陆小凤却还是不动，他每一根神经都像是钢丝铁线般。

就在这时,街道上传来一阵骚动,有人在大声呼喊:"死人……死了人了……"

严人英想回头去看,又忍住,但眼珠子却忍不住转了转。就在他眼珠子这一转间,平平稳稳坐在他面前的陆小凤,竟已忽然不见了。

这个人的行动,竟似比他的剑还快。严人英脸色又变了,翻身蹿出去,陆小凤正背负着双手,站在街心,街心上没有别的人。

所有的行人,全都已闪避到街道两旁的屋檐下,一匹白马正踏着碎步,从街头跑过来,马背上还驮着一个人,一个人像空麻袋般伏在马背上。

"死人!死了人了!"这人是谁?是怎么死的?

只看见这人的衣着,严人英脸色已惨变,箭步蹿出去,勒住了马缰。

这人的装束打扮,竟和严人英几乎完全一样。陆小凤也已知道这人是谁了——他是怎么死的?

严人英从马背上抱下了他冰冷的尸体,尸体上几乎完全没有伤痕,只有咽喉上多了点血迹——就像是被毒蛇咬过的那种血痕一样。

只不过这血迹并不是毒蛇的毒牙留下来的,而是剑锋留下来的,一柄极锋利、极可怕的剑。

陆小凤皱起了眉,道:"张英风?"

严人英咬着牙,点点头。陆小凤叹了口气,闭上了嘴。

严人英忽然问道:"你看出他是死在什么人剑下的?"

陆小凤叹息着点点头,他看得出,世上也许只有一个人能使出如此锋利、如此可怕的剑,就连叶孤城都不能。他的剑杀人绝不会有如此干净利落。

严人英凝视着他师弟咽喉上的剑痕,喃喃道:"西门吹雪……只有西门吹雪……"

陆小凤叹道："他想必已找到了西门吹雪，只可惜……"

只可惜现在他已无法说出自己是在哪里找到西门吹雪的。这句话已用不着说出来，严人英也已明白。

"又是一条命！又是一笔血债！"他苍白的脸上已有泪痕，突然嘶声大呼。

"西门吹雪，你既然敢杀人，为什么不敢出来见人？"呼声凄厉，就在这凄厉的呼声中，暮色已忽然降临大地。

天地间立刻充满了一种说不出的悲凉肃杀之意，风沙又起，严人英抱着他的师弟的尸身，跃上了白马，打马狂奔而去，马是从西面来的。

现在严人英又打马向西驰去，他显然想从这匹马上，追出西门吹雪的下落。

陆小凤迎着北国深秋刀锋般的西北风，目送这人马远去，突听身后有个人轻轻道："我认得这匹马！"

陆小凤霍然回身，说话的人青衣布袜，衣着虽朴素，气派却不小，正是今天早上，跟着李燕北在凌晨散步的那些人其中之一。

"在下赵正我，是东城'杆儿上的'，别人都叫我'杆儿赵'。"

"杆儿上的"，又叫作"团头"，也就是地面上所有乞丐的总管，在市井中的势力极大。

陆小凤当然也知道这种人的身份，却来不及寒暄，立刻追问："你认得那匹马？"

杆儿赵声音更低，道："只有皇城里才有这么骏的白马，别的人不管有多大的身家，也不敢犯禁的。"

白马象征尊贵，至尊至贵的只有皇家。

陆小凤皱眉，道："那匹马难道是从紫禁城里出来的？"

——西门吹雪难道一直躲在皇城里？所以别人才找不到？但皇城里禁卫森严，又怎么容得下闲人躲藏？

杆儿赵已闭上嘴，这是京城里最犯忌的事，他怎么敢再多嘴？

陆小凤沉思着，道："你能不能叫你手下的弟兄们去查查，那匹马是从哪里来的？是谁最先看见的？"

杆儿赵迟疑着，终于点点头，道："这倒不难，只不过，在下本是奉命来接您到十三姨公馆里去的。"

陆小凤道："这件事更重要，你只要告诉我公馆在什么地方，我自己就能找到。"

杆儿赵又迟疑了很久："好，就这么办，我叫赶车的小宋送您到卷帘子胡同去，十三姨的公馆，就在胡同里左面最后一家。"

坐在车上，陆小凤的心又乱了，伤脑筋的问题已好像愈来愈多，是谁暗算了孙老爷？为的又是什么？西门吹雪的行踪，为什么要如此隐秘？

06

胡同就是巷子，卷帘子胡同是条很幽静的巷子，住的都是大户人家，高墙里寂无人声，风中带着石榴花的香气，暮色已深，夜已将临。

这一天却还未过去，左面最后一家的门是严闭着的，李燕北的三十个公馆，家家都是门禁森严，门口绝没有闲杂的人。陆小凤居然没有敲门，就直接越墙而入。

他相信李燕北绝不会怪他，他们有这个交情。院子很宽大，种着石榴，养着金鱼，暑天搭的天棚已拆了。火炉已搬出来清扫，用不着再过多久，屋子里就得生火了。

前面的客厅里灯火辉煌，左面的花厅里也燃着灯，李燕北正在花厅里叹息！

他面前的红木桌上，摆着一叠叠厚厚的账簿，他的叹息声很沉重，心事也很重。

但他却还是听见了陆小凤的声音，他本就是个反应极灵敏的人，陆小凤也并没有特别小心留意自己的行动。李燕北推开了花厅的门，他已在门外。

"你知道是我？"

李燕北勉强作出笑脸："除了你，还有谁敢这么样闯进来？"

陆小凤也笑了笑，眼睛盯在那一叠叠账簿上，心里忽然觉得很难受，在京城里，李燕北已辛苦奋斗了二十多年，流过血，流过汗。

能在龙蛇混杂的京城里站住脚，并不是件容易事，可是要倒下去却很容易。

他为什么要将自己辛苦一生得来的基业，跟别人作孤注一掷？他这么样做是不是值得？

李燕北笑得更勉强，道："我并不是已准备认输了，只不过，有备无患，总比临时跳墙的好，何况……"

何况，只要西门吹雪一败，他立刻就得走，立刻就得抛下所有的一切，那也绝不是容易抛下的！

陆小凤明白他的意思，也了解他的心情，忽然道："西门吹雪已到了。"

李燕北眼睛亮起："你看见了他？"

陆小凤摇摇头："但我却知道他的剑并没有生锈，他杀人还是和以前同样干净利落。"

李燕北眼睛的光彩又暗淡下去，转过身，堆好账簿，缓缓道："只不过，杀人的剑法，也并不是必胜的剑法。"

陆小凤道："我说过，世上本没有必胜的剑法，却也没有必败的。"

李燕北沉默着，忽然大笑："所以我们还是先去喝酒。"他转过身，拍着陆小凤的肩，道，"现在下酒的菜色必已备好，我特地替你请的陪客也来了。"

陆小凤很意外："还有陪客？是谁？"

李燕北笑得仿佛又有些神秘："当然是个你绝不会讨厌的人！"

桌上已摆好四碟果子、四碟小菜、还有八色案酒——一碟熏鱼、一碟糟鸭、一碟水晶蹄髈、一碟小割烧鹅、一碟乌皮鸡、一碟舞驴公、一碟羊角葱小炒的核桃肉、一碟肥肥的羊贯肠，还有个刚端上来的火燎羊头。

陆小凤眨着眼，笑道："你想胀死我？"

李燕北又大笑，笑声中，已有个衣着华丽，风姿绰约的少妇，腰肢款摆，走了进来。陆小凤看见她，竟似突然发怔。

李燕北笑道："这个人就是长着四条眉毛的陆小凤，你岂非早就想看看他了。"

十三姨敛衽而礼，忽然笑道："我们刚才已见过。"

李燕北也怔住："你们几时见过？"

十三姨嫣然道："刚才我陪欧阳情到前门外去买珠子，欧阳情就把他指给我看过了。"

陆小凤苦笑，又忍不住问道："你们请的那位陪客就是她？"

李燕北道："欧阳情你也认得？"

陆小凤只有点头。

李燕北大笑，道："你当然应该认得，若连那样的美人都不认得，陆小凤还算什么英雄？"

陆小凤道："她的人呢？"

十三姨道："她还在厨房里，正在替你做一样她最拿手的点心，酥油泡螺。"

欧阳情居然会替陆小凤做点心！

陆小凤又不禁苦笑："她是不是想毒死我？"

十三姨道："你认为她想毒死你？"

陆小凤道："我得罪过她一次，有些人是一次也不能得罪的，否则她就要恨你一辈子。"

十三姨道："你认为她就是这种人？"

陆小凤并没有否认。十三姨看着他，眼睛瞬也不瞬地看着他。女人本不该这么样看男人的，尤其在自己丈夫面前更不该，陆小凤都已觉得很不好意思，十三姨却一点也不在乎。

李燕北忍不住道："你在看什么？"

十三姨道："我在看他究竟是不是个呆子。"

李燕北道："他绝不是。"

十三姨道："他看起来的确一点也不像，却偏偏是个不折不扣的呆子！"

李燕北道："哦？"

十三姨叹了口气，道："人家本来早就要走的，知道他要来，忽然就改变了主意，人家本来从来也不肯下厨房，知道他要来，就在厨房里忙了一整天，若是有个女人这样地对你，你懂不懂是什么意思？"

李燕北道："我至少懂得她绝不是在恨我。"

十三姨叹道："连你都懂了，他自己却偏偏一点也不懂，你说他是不是呆子？"

李燕北笑道："现在我也觉得有点像了。"

陆小凤又怔住，这意思他当然也懂，可是他连做梦都没有想到过。

李燕北又道："其实这也不能怪他的，女人家的心事，男人本来就猜不透的，何况他又是当局者迷。"

十三姨冷冷道："我也不是在怪他，我只不过替小欧阳在打抱不平而已。"

李燕北大笑，拍着陆小凤的肩，道："我若是你，等一会儿小欧阳出来时，我一定要好好地……"这句话还没有说完，风中突然传来了一阵奇异的吹竹声，竟赫然跟陆小凤下午在砖窑外听见的那种吹竹声完全一样。

陆小凤脸色变了，失声道："去救欧阳……"四个字没说完，他的人已穿窗而出，再一闪已远在十丈外。

吹竹声是从西南方传来的，并不太远，从这座宅院的西墙掠出去，再穿过条窄巷，就是个看来已荒废了很久的庭园。

第三章

废园异事

01

夜,夜色已浓,浓如墨。秋风荒草,白杨枯树,一轮冰盘般的明月刚升起,斜照着这阴森凄凉的庭园,看不见人,连鬼都看不见。

就算有鬼也看不见。陆小凤迎着扑面而来的秋风,竟忍不住激灵灵打了个寒噤。

每次在凶杀不祥的事发生之前,他总会有种奇异的预感。现在他就有这种预感,没有灯光,没有星光,连月光都是阴森森、冷清清的。

枯树在风月下摇曳,看来就像是一条条鬼影,突然间,黑暗中又响起了一阵吹竹声。

陆小凤箭一般蹿过去,这次他终于看见了那吹竹的人,人就在前面的枯树下,陆小凤的身形却又突然停了下来,他竟似又怔住。吹竹的人,竟只不过是个十来岁的孩子。

这孩子长得并不高,穿着件破袷袄,圆圆的脸,大大的眼睛,一面在擦鼻涕,一面在发抖,显得又冷又怕。可是他手上却赫然拿着个奇形的竹哨。

陆小凤看着他,慢慢地走过去,这孩子完全没发觉,东张张,西望望，忽然看见了地上的影子，立刻大叫一声，拔腿就跑，他当然跑不了。

刚跑了几步，陆小凤已一把拉住他，孩子立刻又杀猪般叫了起来。

等他叫完了，陆小凤才说话："我不是鬼，是人。"

孩子仰起脸，看了他一眼，虽然已确定他是个人，脸上还是充满了惊骇恐惧之色，鼻涕又开始不停地往外流："你……你真的不是鬼？"

陆小凤道："鬼没有影子的，我有影子。"

孩子总算松了口气，噘起嘴道："那你为什么要抓我？"

陆小凤道："我有几句话要问你。"

孩子迟疑着，道："问过了你就让我走？"

陆小凤道："不但让你走，而且还给你两吊钱！"他本来是笑不出的，可是在孩子面前，他一向不愿板着脸。

看见他的笑容，这孩子才定心，眨着眼道："你要问什么？"

陆小凤柔声道："你叫什么名字？你的家在哪里？"

孩子道："我叫小可怜，我没有家！"小可怜当然是没有家的，没有家的孩子才会叫小可怜。

这孩子看来不但可怜，而且很老实，不会说谎的。

陆小凤的声音更温和，道："天这么黑了，你一个人到这里来怕不怕？"

小可怜挺起胸，道："我不怕，什么地方我都敢去。"嘴里说不怕的人，心里往往比谁都害怕。

陆小凤道："你觉得这地方很好玩？"

小可怜道："一点也不好玩！"

陆小凤道："既然不好玩，你为什么要到这里来吹这竹哨子？"

小可怜道:"是个驼背的老头子叫我来的,他也给我两吊钱。"

又是个驼背的老头子,去为西门吹雪和叶孤城买棺材的是他,害死了孙老爷的也是他,他究竟是什么人?

陆小凤道:"这哨子也是他给你的?"

小可怜点点头,道:"这哨子比厂甸卖的还好玩,声音又特别响!"

他显然很喜欢这哨子,情不自禁又拿起来吹了一下。尖锐的哨声一响起,别的声音就完全听不见了。陆小凤并没有听见别的声音,但却忽然又有了种奇怪的预感,忍不住要回头去看看。

为什么会有这种感觉,他自己也说不出来,就在他回过头的这一瞬间,他忽然看见有条赤红的影子,从地上蹿了起来,就像是一根箭,速度却远比箭更快!

甚至比闪电还快!红影一闪,忽然间已到了陆小凤的咽喉,也就在这同一刹那间,陆小凤的手已伸出,用两根手指一夹!

他夹住了样东西,一样又冷、又黏、又滑的东西,一条赤红的毒蛇。

毒蛇的红信已吐出,几乎已舐到了陆小凤的喉结上,可是它已不能再动,陆小凤的两根手指恰巧捏住了它的七寸。他的出手若是稍稍慢一点,捏的地方若是稍稍错一点,捏的力量若是稍稍轻一点。那么他现在就已是个死人!

从出道以来,陆小凤的确可以说是闯过龙潭,入过虎穴!生死系于一线间的恶战,他已不知经过多少,杀人如草的恶汉,他也不知遇到多少个。但他从来也没有遇见过比此刻更凶险的事。手里捏着这条冰冷的毒蛇,他整个人都似已冰冷,只觉得胃在收缩,只想吐。

"蛇……这里有毒蛇!"小可怜已大叫着,远远地跑了。

陆小凤长长吸了一口气，反手一摔，将毒蛇摔在一块石头上，再抬起头来时，这又可怜、又很老实的孩子竟已不见踪影。

风吹荒草，枯树摇曳，陆小凤站在秋风里，又深深地呼吸了几次，心跳才恢复正常，但就在这时，黑暗中又发出了一声惊呼，呼声竟赫然是那男孩子发出来的！

小可怜已晕倒在地上，陆小凤赶过去时，这孩子已被吓晕了。如此黑夜，如此荒园，这么大的一个孩子，若是忽然看见了个死人，怎么会不怕？

死人就在孩子的面前，是个驼背的老头子，满头白发苍苍，却是被一根鲜红的缎带勒死的。订棺材的是他，害人的也是他，他自己怎么会也死在别人手里？是谁勒死了他？为什么？

02

缎带在夜色中看来，还是红得发亮，红得就像是鲜血一样。陆小凤见过同样的缎带，也看见过被这同样的一条缎带勒死的人。

公孙大娘短剑上的缎带，就是这样子的，羊城的"蛇王"，也就是被这种缎带勒死的。这次下毒手的人是谁？莫非就是公孙大娘？

公孙大娘的确很可能也已到了京城，九月十五的那一战，她也不愿错过，那么这驼背老头子又是谁呢？他为什么要害死孙老爷？公孙大娘又为什么要害死他？

陆小凤从来也没听说过江湖中有这么样一个老头子，他迟疑着，终于蹲下去——这老头子身上，很可能还带着些可以证明他身份的东西。

也很可能还藏着一条毒蛇！陆小凤只觉得自己的指尖在发冷，用两根手指，掀起了这老头子的衣襟。没有蛇，蛇会动的。

陆小凤的手伸进去，突然又怔住，他眼睛看着的，是一颗白发苍苍的头颅，一张已老得干枯了的脸。可是他的手感觉却不同——这老头子竟是个女人！

手摸着的，竟是个女人丰满光滑的躯体，白发果然是假的，脸上也果然戴着张制作得极精妙的面具。陆小凤扯下白发，掀开面具，就看见了一张虽已僵硬苍白，却还是非常美丽的脸！

他认得这张脸！这驼背的老头子，竟赫然就是公孙大娘！

公孙大娘易容术之精妙，陆小凤当然知道，他相信公孙大娘无论扮成什么样的人，这世上都没有几个人能看破她。

公孙大娘武功之高，陆小凤也是知道的，这世上又有谁能活活地勒死她？这凶手的武功岂非更可怕。陆小凤忍不住又激灵灵打了个寒噤。

他来到京华才一天，这一天中他遇见的怪事实在太多，他想不通公孙大娘为什么要害死孙老爷，更想不通公孙大娘怎么会死在这里。

假如想不通的事太多，就只有不想，假如愈想愈乱，也不如不想，这一向是陆小凤的原则。

可是他纵然不想，仿佛还是可以隐隐感觉得到，就在这古老的城市中，某一个阴暗的角落里，正有个人在用一双比狐狸还狡猾、比毒蛇还恶毒的眼睛在盯着他，等着要他的命！

无论这人是谁，都必将是他生平未遇的、最可怕的对手。他好像已隐隐感觉到这个人是谁了！

03

灯光惨淡。惨淡的灯光,照在欧阳情惨白的脸上。她美丽的脸上已完全没有血色,美丽的眼睛紧闭,牙齿也咬得很紧。

她是不是还能张开眼睛来?是不是还能开口说话?陆小凤静静地站在床头,看着她,只希望她还能像以前那样瞪他几眼,还能像以前那样骂他几句。李燕北和十三姨就在他身后,神情也很沉重。

"我们赶到厨房里去的时候,她已经倒了下去!"

陆小凤凝视着她的咽喉,她的咽喉并没有血痕:"她的伤口在哪里?"

十三姨道:"在手上,左手。"

陆小凤松了口气,毒蛇蹿过来的时候,她想必也像陆小凤一样,想用手去抓住。她的反应虽然远不及陆小凤快,却比孙老爷快了些,孙老爷的酒喝得太多。

李燕北道:"幸好你叫我们去救她,所以我们去得总算还不太晚。"

发现欧阳情的伤口后,他立刻封住了她左臂的穴道,阻止了毒性的蔓延。

李燕北又道:"所以真正救回她这条命的并不是我,是你!"

十三姨道:"只不过我还是一直不明白,你怎么知道她会被人暗算的?"

陆小凤道:"其实我也不能确定。"

十三姨道:"但你却救了她一命。"

陆小凤苦笑,道:"有很多事我都是糊里糊涂就做出来的,你们若要问我是怎么做出来的，连我自己也不知道。"

十三姨道："你虽然不知道，却做了出来，有很多人就算知道，也做不出。"

李燕北道："所以陆小凤永远都不愧是陆小凤，世上也只有这么样一个陆小凤。"

十三姨轻轻叹了口气，道："这也难怪她为什么会对你情深一往了。"

欧阳情真的对他情深一往？

十三姨又道："她左手虽然被毒蛇咬了一口，人虽然已倒了下去，可是她的右手里，却还是紧紧拿着那碟酥油泡螺，死也不放，因为那是她替你做的，因为……"她没有再说下去，她说的已够多。就只这么样一件事，已足够表现出欧阳情对他的情感。

陆小凤看看欧阳情的脸，心里忽然涌起一种谁也无法解释的感情，他绝不能再让欧阳情死，绝不能！薛冰的死，已带给他终生都无法弥补的遗憾。

李燕北已等了很久，终于忍不住问道："你已找到了那吹竹弄蛇的人？"

陆小凤点点头。

李燕北道："是谁？"

陆小凤道："是个孩子。"

李燕北也吃了一惊，但立刻就问："暗中是不是还另有主使的人？"他的确不愧是老江湖，对一件事的看法，他总是能看得比别人深，也比别人准。

陆小凤道："据那孩子说，叫他做这件事的，是个驼背的老人！"

李燕北道："你也找到了那驼背老头子？"

陆小凤道："这世上也许根本就没有那么样一个驼背老人，我找着的一个是公孙大娘改扮的！"

李燕北道："公孙大娘是什么人？"

陆小凤道："公孙大娘是欧阳情的大姐，也是我的朋友。"

李燕北怔住。

十三姨却不禁冷笑，道："她总算有个好姐姐，你也总算有个好朋友。"

陆小凤沉思着，缓缓道："公孙大娘本来就是她的好姐姐，我的好朋友。"

十三姨道："直到现在，你还是这么样想？"

陆小凤承认："因为我相信真正的凶手，绝不是公孙大娘！"

十三姨道："不是她是谁？"

陆小凤握紧双拳，道："是个比霍休还狡猾老辣、比金九龄还阴沉恶毒的人，他的武功，也许比我所见过的所有人都高。"

霍休和金九龄都曾经被他当作最可怕的对手，都几乎已将他置之于死地。他经历了无数凶险，花费了无数心血，再加上三分运气，才总算将他们两人的真面目揭开。可是现在这个人却更可怕！

李燕北道："你怎么知道公孙大娘不是真凶？"

陆小凤道："我不知道。"

十三姨道："可是你能感觉得到？"

陆小凤承认。

十三姨道："你又是糊里糊涂就感觉到的？"

陆小凤也承认。

十三姨叹道："看来你真是个怪人，无论谁找到你这种人做对手，只怕都要倒霉的！"

陆小凤苦笑道："但这次要倒霉的人却很可能是我！"

李燕北道："现在公孙大娘呢？"

陆小凤道："死了！"

十三姨道："那孩子……？"

陆小凤道："还晕倒在那里！"

十三姨道："你没有救他回来？"

陆小凤道："我留他在那里，就是救了他！"十三姨不懂。

李燕北却道："你认为那孩子也是帮凶？"

陆小凤道："一个十来岁的孩子，绝不敢在黑夜里到那种地方去的，而且那竹哨制作奇特，若不是练过内功的人，根本吹不响。"他笑了笑，"何况，他根本就没有真的晕过去！"

李燕北道："你为什么不带他回来，问问他的口供？"

陆小凤道："他不会说的，我也不能对一个孩子逼问口供。"

李燕北道："你至少可以暗中盯住他，也说不定就可以从他身上，追出那个真凶来。"

陆小凤叹道："我若去盯他，这孩子就死定了。"

李燕北道："你怕那真凶杀他灭口？"

陆小凤道："嗯！"

李燕北叹道："我的心肠已不能算太硬，想不到你的心却比我还软。"

陆小凤沉默了很久，才缓缓道："以前也有人说过我的脾气虽然像茅坑里的石头，又臭又硬，心肠却软得像豆腐。"

十三姨叹道："非但像豆腐，简直就像酥油泡螺！"她忽然又笑了笑，道，"那碟酥油泡螺还在外面，既然是她特别为你做的，你至少总得吃一个。"

陆小凤道："我回来再吃。"

李燕北道："你要出去？到哪里去？"

陆小凤道："去找一个人。"

李燕北道:"找谁?"

陆小凤道:"叶孤城。"李燕北又怔住。

陆小凤道:"他既然能解唐家暗器的毒,既然能救自己,想必也能救欧阳情。"

欧阳情惨白的脸上已泛起一种可怕的死灰色,左脸已浮肿,李燕北点穴的手法,显然并不高明,并没有能完全阻止毒性的蔓延。

十三姨皱眉道:"像叶孤城那种脾气的人,肯出手救别人?"

陆小凤道:"他就算不肯,我也要去,就算要我跪下来求他,我也得求他来。"

他凝视着欧阳情的脸,一字字道:"不管怎么样,我都要想法子让她活下去!"

04

夜更深,连生意最好,收市最晚的春明居茶馆,客人都已渐渐少了,眼看着已经到了快打烊的时候。陆小凤却还是坐在那里,看着面前一壶新沏好的香片发怔。

他已走过很多地方,找了很多家客栈,却连叶孤城的影子都找不到,以叶孤城那么样的排场,那样的声名,本该是个很好找的人,无论他住在什么地方,都一定会很引人注意。

可是他自从今天中午在春华楼露过那次面后,竟也像西门吹雪一样,忽然就在这城中消失了,连一点有关他的消息都听不到。

陆小凤也想不通这是怎么回事,叶孤城本没有理由躲起来的,连那被他刺穿双肩、势必已将终生残废的唐天容都没有躲起来。

唐天容的落脚处,是在鼓楼东大街的一家规模很大的"全福客栈"里。据说已找过很多专治跌打外伤的名医。他还没有离开京城，并不是因为他的伤，而是因为唐家的高手，已倾巢而出，昼夜兼程赶到京城来，为他们兄弟复仇。这当然也必将是件轰动武林的大事。

第二件大事是，严人英虽没有找到西门吹雪，却找到了几个极厉害的帮手。据说其中不但有西藏密宗的喇嘛，还有在"圣母之水"峰苦练多年的两位神秘剑客，也不知为了什么，居然都愿意为严人英出力。

这两件事对西门吹雪和叶孤城都同样不利，第一批人要找的是叶孤城，第二批人要找的是西门吹雪，所以无论他们是谁胜谁负，只要还活着，就绝不会有好日子过。

陆小凤打听到的消息并不多，却偏偏没有一样是他想打听的，甚至连木道人和古松居士，他都已找不到。

茶客更疏了，茶博士手里提着的大水壶已放下，不停地用眼角来瞟陆小凤，显然是在催促他快点走。陆小凤只有装作看不见，因为他实在也已没有别的地方可去。

不找到叶孤城，他怎么能回去面对欧阳情？

新沏的茶已凉，夜更凉。

陆小凤叹了口气，端起茶碗，一口茶还没有喝到嘴——突然间，寒光一闪，"叮"的一响，茶碗已打得粉碎。

寒光落下，竟是一枚三寸六分长的三棱透骨镖。门口挂着灯笼，一个穿着青布袈裟，芒鞋白袜的和尚，正在对着他冷笑，方外的武林高手，几乎没有人用这种飞镖的。

可是这和尚发镖的手法却又快又准，无疑已可算是此道的一流高手。陆小凤既不认得他，也想不通他为什么突然出手暗算，最奇怪的是，他一击不中，居然还留在外面不走。

陆小凤笑了，他非但没有追去，反而看着这和尚笑了笑。现在的麻烦已够多，他已不想再惹别的麻烦，谁知这和尚还是不放松，一挥手，又是两枚飞镖发出，镖尾系着的镖衣在风中猎猎作响，发镖的力量显然很强劲。

陆小凤又叹了口气，他已看出这和尚找定了他的麻烦，他想不出去，也不行了。

飞镖还未打到，他的人忽然间已到了门外。谁知这和尚看见他出来，立刻拔腿就跑，等到他不想再追时，这和尚又在前面招手。

奇怪的事，真是愈来愈多，所有的怪事好像全被陆小凤一个人遇上了。

他不想再追下去，却又偏偏不能不追，追出了两条街，和尚突然在一条暗巷中停下，冷笑道："陆小凤，你敢不敢过来？"

陆小凤当然敢，世上他不敢做的事还很少，他虽然明知自己一走入暗巷，这和尚就随时都可以出手，暗巷中很可能还有他看不见的陷阱和埋伏，这和尚也很可能还有他不知道的绝技杀手。

但他还是走了进去。谁知他一走进去，这和尚竟忽然向他跪了下来，恭恭敬敬地磕了三个头。

陆小凤又怔住。

和尚却在看着他微笑，道："你不认得我？"

陆小凤摇摇头，他从来也没见过这和尚。

和尚道："这三棱透骨镖你也不认得？"

陆小凤眼睛亮了："你是关中'飞镖'胜家的人？"

和尚道："在下胜通。"

这名字陆小凤也不熟，飞镖胜家并不是江湖中显赫的名门大族。

胜通已接着道："在下是来还债的！"

陆小凤更意外，道："还债？"

胜通道："胜家满门上下，都欠了陆大侠一笔重债！"

陆小凤道:"你一定弄错了,我从不欠人,也没人欠我!"

胜通道:"在下没有错。"他说得很坚决,神情也很严肃,"六年前,本门上下,全都败在霍天青手里,满门都被逐出关中,从此父母离散,兄弟飘零,在下也被迫入了空门,虽然有雪耻之心,怎奈霍天青武功高强,在下也自知复仇无望!"

陆小凤道:"你以为我杀了霍天青,替你们出了气,所以要来报恩?"

胜通道:"正是。"

陆小凤只有苦笑,霍天青并不是死在他手上的,独孤一鹤和萧少英也不是,但别人却偏偏都将这笔账算在他身上,有仇的来复仇,有恩的来报恩。江湖中的恩怨是非,难道竟是真的如此难以分清?

陆小凤叹了口气,道:"霍天青并不是……"

胜通仿佛根本不愿听他解释,抢着道:"无论如何,若非陆大侠仗义出头,霍天青今日想必还在珠光宝气阁耀武扬威,又怎会落到那样的下场!"

他这样说倒也不是完全没有道理,陆小凤只有苦笑:"就算你欠了我的债,刚才你也已还了。"

胜通道:"叩头只不过表示尊敬,又怎能算是报恩?"

陆小凤道:"不算?"

胜通道:"绝不能算!"

陆小凤道:"要怎样才能算?"

胜通忽然从怀里拿出个包扎很仔细的布包,双手奉上:"这就是在下特地要送来给陆大侠的!"

陆小凤只有接过来,他忽然发觉被人强迫接受"报恩",那滋味也并不比被人强迫接受"报仇"好多少。以前他从来也没有想到这一点,更令他想不到的是,这油布包里包着的,竟是一条上面染着斑斑血迹、还带着黄脓的白布带,一打开包袱,就有股无法形容的恶臭散发出来。

陆小凤连笑都笑不出了:"你特地来送给我的,就是这条布带?"

胜通道:"正是。"

陆小凤道:"你送这东西给我,为的就是报恩?"

胜通道:"不错。"

陆小凤看着布带上的脓血,实在觉得有点哭笑不得。这和尚打了他三镖,又送了这么样一条臭布带给他,还说是来报恩的。这么样报恩的法子,倒也少见得很。

——幸好他还是来报恩的,若是来报仇,那该怎么办呢?

陆小凤现在唯一的希望,就是赶快把这和尚弄走:"现在你总算已报过了恩吧!"

胜通居然没有否认,沉吟着又道:"这条布带在平时看来,也许不值一文,但在此时此刻,却价值连城。"

随便要什么人来,随便怎么看,也看不出这布带是件价值连城的宝物,可是这和尚却偏偏说得很严肃,看来居然并不像在开玩笑。

陆小凤也不禁起了好奇心:"这布带难道有什么特别的地方?"

胜通道:"只有一点。"

陆小凤道:"哪一点?"

胜通神情更慎重,压低了声音,道:"这布带是从叶孤城身上解下来的!"

陆小凤的眼睛立刻亮了,这又臭又脏的一条布带,在他眼中看来,竟真是已比黄金玉带更珍贵。

胜通道:"在下为了避仇,也因为无颜见人,所以特地选了个香火冷落的小庙出家,老和尚死了后,在下就是那里唯一的住持!"

陆小凤道:"叶孤城也在那里?"

胜通道:"他是今天正午后来借宿的,庙里的僧房本只有两间,老和尚死了后,那僧房就从来也没有人住过,更没有香客借宿,今天居然会有人来,在下已觉得很意外。"

陆小凤道:"他是一个人去的?"

胜通点点头,道:"他来的时候,在下本没有想到他就是名动天下的白云城主!"

陆小凤道:"后来你是怎么知道的?"

胜通道:"他来了之后,就将自己关在房里,每隔半个时辰,就要我送盆清水进去……"

他本来也是江湖中人,看见这种形迹可疑的人,当然会特别留意。

"除了清水外,他还要我特地去买了一匹白布,又将这油布包交给我,叫我埋在地下。"

叶孤城当然绝不会想到这香火冷落的破庙住持,昔年也是个老江湖,所以对他并没有戒心。

"我入城买布时,才听到叶孤城在张家口被唐门暗器所伤,却在春华楼上重创了唐天容的事。所以就将这位白云城主的装束容貌,都仔细地打听了出来。两下一印证,我才知道到庙里来借宿的那位奇怪客人,就是现在已震动了京华的白云城主。"

陆小凤长长吐出口气,现在他总算已想通了两件本来想不通的事。

——既不爱赏花,也不近女色的叶孤城,要美女在前面以鲜花铺路,只不过是为了掩饰自己身上伤口发出的脓血恶臭。

——陆小凤在城里找不到他,只因为他根本没有在客栈中落脚,却投入了荒郊中的一个破庙里。

——他当然不能让别人知道他的伤非但没有好，而且已更恶化。

——雄狮负伤后，也一定会独自藏在深山里，否则只怕连野狗都要去咬它一口。

陆小凤的心已沉了下去，他本来还期望能救治欧阳情的伤毒，现在才知道叶孤城自身已难保，又怎么能救得了别人？

胜通道："刚才我入城时，城里十个人中，至少有八个人都认为叶孤城已必胜无疑，打赌的盘口甚至已到了以七博一，赌叶孤城胜。"

春华楼的那一招"天外飞仙"，想必已震撼了九城。

胜通又道："现在若有人知道这消息，看看这布带，只怕……"他没有说下去。

现在若有人知道这消息，京城中会变成什么情况，他非但说不出，简直连想都无法想象。

陆小凤叹了口气道："你说得不错，这布带的确可以算是价值连城的宝物，我实在是受之有愧！"

"受之有愧"的意思，通常也就是"却之不恭"。

胜通终于展颜而笑，道："在下虽不是什么了不起的大人物，却也和陆大侠一样，从不愿欠人的债，只要陆大侠肯接下这点心意，在下也就心安了。"

陆小凤沉吟着，忽又问道："你的庙在哪里？"

胜通道："陆大侠莫非还想当面去见那位白云城主？"

陆小凤笑了笑，道："我并不是不相信你，但却实在想去看看他。"他笑容中带着种兔死狐悲的伤感和寂寞，慢慢地接着道，"我和他虽然只匆匆见过两次面，却始终将他当作我的朋友……"

他知道叶孤城现在一定很需要朋友，也知道叶孤城的朋友并不多。此时此刻，一个真正的朋友对叶孤城来说，也许比解药更难求。

05

屋子里潮湿而阴暗,地方并不十分窄小,却只有一床、一桌、一凳,故而更显得四壁萧然,空洞寂寞,也衬得那一盏孤灯更昏黄暗淡。壁上的积尘未除,屋面上结着蛛网,孤灯旁残破的经卷,也已有许久未曾翻阅。

——以前住在这里的老僧,过的又是种多么凄凉寂寞的岁月?在他说来,死,岂非正是种解脱?

叶孤城斜卧在冷而硬的木板床上,虽然早已觉得很疲倦,却辗转反侧,无法成眠。

他本来久已习惯寂寞。一个像他这样的剑士,本就注定了要与人世隔绝的,正像是个苦行的僧人一样,尘世间的一切欢乐,他都无缘享受。

因为"道",是一定要在寂寞和困苦中才能解悟的,剑道也是一样,没有家,没有朋友,没有妻子,没有儿女,什么亲人都没有。

在他的一生中,寂寞本就是他唯一的伴侣。但他却还是无法忍受这种比寂寞还更可怕的凄凉和冷落。因为他以前过的日子虽孤独,却充满了尊荣和光彩。而现在……

风从窗外吹进来,残破的窗户响声如落叶,屋子里还是带着种连风都吹不散的恶臭。他知道他的伤口已完全溃烂,就像是一块生了蛆的臭肉一样。

他本来是个孤高而尊贵的人,现在却像是条受伤的野狗般躲在这黑洞里,这种折磨和痛苦,本是他死也不愿忍受的,可是他一定要忍受。因为他一定要活到九月十五。

秋声寂寂，秋风萧索，这漫漫的长夜，却叫他如何度过？

假如现在有个亲人，有个朋友陪着他，那情况也许会好得多，怎奈他偏偏命中注定了是个孤独的人，从不愿接受别人的友情，也从不将感情付给别人，他忽然发觉这竟是他一生中第一次想到自己也需要个朋友。

他又想起了很多事，想起了每日晨昏，从无间断的苦练，想起了他的对手在他剑下流出来的鲜血，也想起了那碧海青天，那黄金般灿烂的阳光，白玉般美丽的浮云……

他想死，又不想死。一个人的生命中，为什么总是要有这么多无可奈何的矛盾？

伤口又开始在流脓，在发臭了，他想挣扎起来，再用清水洗一遍，换一块包扎的布。

虽然他知道这么样做，对他的伤势并没有帮助，甚至无异是在饮鸩止渴。但他只能这么样做。

——好厉害的暗器，好可怕的毒。

他终于坐起来，刚下了床，突听窗外有风声掠过——那绝不是自然的风声。

剑就在桌上。他一反手，已握住了剑柄，他的反应还是很快，动作也依旧灵敏。

"用不着拔剑。"窗外有人在微笑着道，"若是有酒，倒不妨斟一杯。"

叶孤城握剑的手缓缓放松，他已听出了这个人的声音："陆小凤？"

当然是陆小凤，叶孤城勉强站起来，站直，掩起了衣襟，整起了愁容，大步走过去，拉开门。

陆小凤正在微笑,看着他,道:"你想不到我会来?"

叶孤城默然转身在那张唯一的凳子上坐下来,才缓缓说道:"你本不该来的,这里没有酒!"

陆小凤微笑道:"但这里却有朋友。"

朋友!这两个字就像是酒,一满杯热酒,流入了叶孤城的咽喉,流进胸膛。他忽然觉得胸中的血已热,却还是板着脸,冷冷地说道:"这里也没有朋友,只有一个杀人的剑手。"

"杀人的剑手也可以有朋友。"唯一的椅子虽然已被占据,陆小凤却也没有站着。他移开了那盏灯,也移开了灯畔的黄经和铁剑,在桌上坐了下来。"你若没有将我当朋友,又怎么会将你的剑留在桌上?"

叶孤城闭上嘴,凝视着他,脸上的寒霜似已渐渐在融化。一个人到了山穷水尽时,忽然发觉自己还有个朋友,这种感觉绝不是任何事所能代替的。甚至连爱情都不能。

叶孤城沉默了很久,缓缓道:"你以前好像并没有跟我交朋友?"

陆小凤道:"因为以前你是名动天下不可一世的白云城主!"

叶孤城的嘴角又僵硬:"现在呢?"

陆小凤叹了口气,道:"在决战之前,你本不该和唐天仪那种人交手的,你应该知道唐门的暗器确实无药可解。"

叶孤城的脸色变了:"你已知道多少?"

陆小凤道:"也许我已知道得太多!"

叶孤城又闭上嘴,沉默了许久,才缓缓道:"我本来的确不愿跟他交手的!"

陆小凤道:"可是你……"

叶孤城打断了他的话,道:"可是他却找上了我,一定要逼我拔剑,他说我……说我趁他不在时调戏了他的妻子。"

陆小凤道:"你当然没有。"

叶孤城冷笑。

陆小凤道:"既然没有,为什么不解释?"

叶孤城道:"你若是我,你会不会解释?"

陆小凤在叹息,他承认自己若是遇上这种事,也一定不会解释的,因为这种事根本不值得解释,也一定无法解释:"所以你只有拔剑。"

叶孤城道:"我只有拔剑!"

陆小凤道:"但我却还是不懂,以你的剑法,唐天仪本不该有出手伤你的机会。"

叶孤城冷冷道:"他本来就没有。"

陆小凤道:"但你却受了伤。"

叶孤城的手握紧,过了很久,才恨恨道:"这件事我本不愿说的,他能有出手的机会,只因我在拔剑时,突然听见了一阵很奇怪的吹竹声。"

陆小凤脸色也变了:"于是你立刻发现有条毒蛇?"

叶孤城霍然长身而起:"你怎么知道?"

陆小凤也握紧双拳,道:"就在今天一日之中,我已有两个朋友死在那种毒蛇吻下,还有一个倒在床上,生死不明。"

叶孤城的瞳孔在收缩,慢慢地坐下,两个人心里都已明白,这件事根本是有人在暗中陷害的。

这究竟是谁的阴谋?为的是什么?

陆小凤沉吟着,缓缓道:"你重伤之后,最有好处之人,本该是西门吹雪。"

叶孤城点点头。

陆小凤道:"但害你的人,却绝不是西门吹雪!"

叶孤城道:"我知道,我相信他绝不是这种无耻的小人!"

陆小凤道："你真的相信？"

叶孤城道："像这种卑鄙无耻的人，绝对练不成那种孤高绝世的剑法。"

陆小凤长长吐了口气，道："想不到你居然也是西门吹雪的知己。"

叶孤城注视着桌上的剑，缓缓道："我了解的并不是他的人，而是他的剑。"

陆小凤却在凝视着他："也许你们本来也正是同样的人。"

叶孤城虽没有承认，也没有否认。两柄孤高绝世的剑，两个孤高绝世的人，又怎能不惺惺相惜？

陆小凤叹道："看来这世上不但有肝胆相照的朋友，也有肝胆相照的仇敌。"

当然有的，只不过后者远比前者更难得而已。

叶孤城忽然又道："据说已有很多人在我身上投下重注，赌我胜！"

陆小凤苦笑道："现在赌你胜的盘口是七比一。"

叶孤城目中带着深思之色，道："其中当然也有人赌西门吹雪胜的？"

陆小凤道："不错。"

叶孤城道："我若败了，这些人岂非就可以坐收暴利？"

陆小凤道："你认为陷害你的人，就是赌西门吹雪胜的人？"

叶孤城道："你认为不是？"

陆小凤也闭上了嘴。

他虽然没有说出来，但心里却知道绝不是，因为这个人不但陷害了叶孤城，也同样害了孙老爷、公孙大娘和欧阳情。他一定还有更可怕的阴谋、更大的目的，绝不止要赢得这笔赌注而已。

叶孤城又站起来，推开窗户，看着窗外的明月，喃喃道："现在已可算是九月十四了。"

陆小凤道："难道你还要如期应战？"

叶孤城冷冷道："你看我像是个食言悔约的人？"

陆小凤道："可是你的伤……"

叶孤城又笑了笑，笑得很凄凉："伤是无救的，人也已必死，既然要死，能死在西门吹雪剑下，岂非也是一大快事？"

陆小凤道："你……你们可以改期再战。"

叶孤城断然道："不能改！"

陆小凤道："为什么？"

叶孤城道："我这一生中，说出来的任何话，都从未更改过一次。"

陆小凤道："莫忘记你们改过一次！"

叶孤城道："那有特别的原因！"

陆小凤道："什么原因？"

叶孤城沉下脸，道："你不必知道！"

陆小凤道："我一定要知道！"

叶孤城冷笑。

陆小凤道："因为我不但是西门吹雪的朋友，也是你的朋友，我有权知道。"

叶孤城慢慢地掩起窗子，又推开，窗外月明依旧。他一直都没有回头，仿佛不愿让陆小凤看到他脸上的表情，又过了很久，忽然道："你知不知道他已有孩子了？"

陆小凤跳了起来，失声道："你说什么？"

叶孤城并没有再说一遍，他知道陆小凤听得很清楚。

陆小凤当然已听清楚，但却实在不能相信："你是说西门吹雪已有了孩子？"

叶孤城点点头。陆小凤再问："是孙秀青有了身孕？"

叶孤城又点点头，陆小凤怔住，一个男人，在生死的决战前，若是知道他深爱的女人腹中有了他的孩子，他应该怎么办？

陆小凤终于明白："原来是他去求你改期的，因为他一定要先将孙秀青以后的生活安排好，他并没有胜你的把握。"

叶孤城道："他是个负责任的男人，也知道自己的仇人太多。"

陆小凤道："他若死在你手里，他的仇家当然绝不会让他的女人和孩子再活下去。"

叶孤城道："他活着时从不愿求人，就算死了，也绝不愿求人保护他的妻子。"

陆小凤道："所以他要你再给他一个月的宽限，让他能安排好自己的后事。"

叶孤城道："你若是我，你答不答应？"

陆小凤长长叹息，现在他终于明白，西门吹雪为什么会突然失踪。他当然要找个绝对秘密的地方，将他的妻子安顿下来，让她能平平安安地生下他自己的孩子，这地方他当然绝不能让任何人知道。

叶孤城仰视着天上的明月，月已圆："月圆之夜，紫金之巅……"

陆小凤忍不住又问道："月圆之夜，还是改在月圆之夜，紫金之巅又改在哪里？"

叶孤城又沉吟了很久，才缓缓道："改在紫禁之巅。"

陆小凤悚然动容，道："紫禁之巅？紫禁城？"

叶孤城道："不错。"

陆小凤脸色变了："你们要在紫禁城里，太和殿的屋脊上决战？"

太和殿就是金銮殿，也就是紫禁城里，最高的一座大殿。紫禁之巅，当然也就在太和殿上。殿高数十丈，屋脊上铺着的是滑不留足的琉璃瓦，要上去已难如登天，何况那里又正是皇帝接受百官朝贺之处，禁卫之森严，天下绝没有任何别的地方能比得上。这两人偏偏选了这种地方做他们的决战处。

陆小凤忍不住长长叹了口气，苦笑道："你们的胆子也未免太大了些。"

叶孤城淡淡道："你若害怕，本就不必去。"

陆小凤恍然道："你们选了这地方，为的就是不愿别人去观战？"

叶孤城道："这一战至少不是为了要给别人看的！"

陆小凤又忍不住要问："这一战究竟是为了什么？"

叶孤城道："就因为他是西门吹雪，我是叶孤城！"

这并不能算是真正的答复，却已足够说明一切。西门吹雪和叶孤城命中注定了就要一较高下的，已不必再有别的理由。两个孤高绝世的剑客，就像是两颗流星，若是相遇了，就一定要撞击出惊天动地的火花。这火花虽然在一瞬间就将消失，却已足够照耀千古！

月明星稀，夜更深，叶孤城缓缓道："你想知道的事，现在全都知道，你为什么还不走？"

陆小凤却还不肯走："除了我之外，还有没有别人知道你们的决战处？"

叶孤城冷冷道："我没有告诉过别人，我没有别的朋友。"他的声音虽冷，这句话却是火热的。他毕竟已承认陆小凤是朋友，唯一的朋友。

第四章

北斗七星阵

01

九月十四，凌晨，李燕北从他三十个公馆里走出来，沿着晨雾迷漫的街道大步而行。他步子虽然还是跨得很大，却仿佛已显得很沉重，他的腰虽然还是挺得笔直，但眼中却已有疲倦之色，昨夜他根本没有睡过。

十一年来，每当他在晨曦初露，沿着这同样的路线散步时，后面总有一大群人跟着。但今天却没有，连一个人都没有。

阳光尚未升起，木叶上凝着秋霜，今天比昨天更冷，说不定已随时都可能有雪花飘落。

北国的冬天，总是来得特别早的，尤其是李燕北，对他来说，冬天早已来了，已到了他心里。

晨雾迷漫，对面也有个人沿着路边，大步走过来，李燕北还没有看清他的脸，已看到了一双发亮的眼睛："陆小凤？"

"是我。"陆小凤已在一株枯树下停住脚，等着他，"有人若是每天早上都能到外面来走走，一定能活得比较长的。"他在笑，笑容却并不开朗。

李燕北道："你已在外面走了很久？"

陆小凤道："好像已有半个时辰了！"

李燕北道："为什么不进去？"

陆小凤又笑了笑，笑得更勉强："我怕！"

李燕北吃惊地看着他："你怕？你也有害怕的时候？"

陆小凤道："我有，而且时常都有。"

李燕北道："你怕什么？"他不等陆小凤回答，已接下去道，"你不敢去见欧阳情？"

陆小凤默然点头。

李燕北拍了拍他的肩："她还活着，她中的毒好像并没有外表看来那么严重！"

陆小凤长长吐了口气，忽然问道："今天只有你一个人？"

李燕北点点头，眼神显得更疲倦，缓缓道："今天别人都有他们自己的事要做！"

陆小凤道："那么你也不该出来的！"

李燕北笑了笑，笑容也并不开朗。

陆小凤道："经过了昨天的事，你今天本该小心些。"

李燕北沉默着，和陆小凤并肩而行，走了一段路，忽然道："这十一年来，我每天早上，都要在这地区里走一遍，一年三百六十五天，无论刮风下雨，我都没有间断过！"

这地区是属于他的，他走在这些古老而宽阔的街道上，心里总是充满了骄傲和满足，就正如大将在校阅自己的士卒，帝王在视巡自己的国土一样。

陆小凤了解他这种感觉："我若是你，我很可能也会每天这么样走一趟！"

李燕北道："你一定会的！"

陆小凤道:"只不过我今天还是会破例一次!"

李燕北道:"你绝不会。"

陆小凤道:"可是今天……"

李燕北道:"尤其是今天,更不能例外。"

陆小凤道:"为什么?"

李燕北迟疑着,目光沿着街道两旁古老精雅的店铺一家家看过去,眼睛里仿佛充满了悲伤和留恋,过了很久,才缓缓道:"因为今天已是我最后一次。"

"最后一次?"陆小凤吃惊地看着他,"为什么会是最后一次?"

李燕北并没有直接回答这句话,又沉默了很久,忽然道:"你有没有看见过我的儿子?"

陆小凤摇摇头,他没有看见过,他也不懂李燕北为什么忽然问起这件事。

"我有十九个儿子,最小的才两岁。"李燕北慢慢地接着道,"他们都是我亲生的,都是我血中的血,肉中的肉。"

陆小凤在听着,等着他说下去。

李燕北道:"我今年已五十,外表看来虽然还很强壮,其实却已是个老人。"

陆小凤勉强笑了笑,道:"你并不老,有人说,男人到了五十以后,人生才真正开始。"

"可是我已输不起。"李燕北也想勉强笑一笑,却笑不出,"因为我不能看着我的孩子们挨饿受苦。"

陆小凤终于完全明白他的意思:"难道你已将这地盘卖给了别人?"

李燕北垂下头,黯然道:"我本来也不想这么样做的,可是他们给我的条件实在太优厚。"

陆小凤道："什么条件？"

李燕北道："他们不但愿意承认我跟杜桐轩的赌注，愿意为我解决这件事，而且还保证将我全家大小全都平安送到江南去。"

他总算笑了笑，笑得却很凄凉："我知道江南是个好地方，每到了春天，莺飞草长，桃红柳绿，孩子们若能在那里长大，以后绝不会长得像我这种老粗。"

陆小凤看着他，忍不住长长叹了口气，道："你的确是个老粗。"

李燕北苦笑道："你自己没有孩子，你也许不会懂得一个人做了父亲后的心情。"

陆小凤道："我懂。"

李燕北道："你既然懂，就应该知道我为什么会做这种事。"

陆小凤道："我知道。"

李燕北道："这一战西门吹雪若是败了，我就立刻会变得无路可走。"

陆小凤也知道，无论谁带着十九个儿子时，他能走的路就实在已不多。

李燕北道："昨天我见过叶孤城后，就知道我已根本没有战胜的机会。"

陆小凤道："不是你没有，是西门吹雪。"

李燕北道："可是他若输了，我就会比他输得更惨。"

陆小凤道："我明白。"

李燕北道："那么你就不该怪我。"

"我并没有怪你。"陆小凤道，"我只不过替你觉得可惜而已。"

"可惜，有什么可惜？"

陆小凤也没有直接回答这句话,却反问道:"你将这地盘让给了谁?"

李燕北道:"让给了顾青枫。"

陆小凤道:"顾青枫是什么人?"

李燕北道:"是个道士。"

陆小凤愕然道:"道士?"

李燕北道:"道士也有很多种。"

陆小凤道:"他是哪一种?"

李燕北道:"是既有钱,又有势的那一种。"他又解释着道,"道教有南北两宗,南宗的宗师是龙虎山的张真人,北宗的宗师是白云观主。"

陆小凤道:"他就是白云观主?"

李燕北点点头,道:"白云观就在城外,当朝的名公巨卿,有很多都是白云观主的常客,甚至还有些已拜在他门下。"

陆小凤冷笑道:"所以他表面虽然是个道士,其实却无异是这里的土豪恶霸?"

李燕北苦笑道:"他若不是这么样的人,又怎么会要我将地盘让给他?"

陆小凤道:"这件事是不是已无法挽回?"

李燕北道:"我已接受了他的条件,也已将我名下的产业全都过户给他。"

陆小凤道:"你的门人子弟,难道也全都由他收买了过去?"

李燕北道:"真正控制这地区的,并不是我,而是我的帮会。"

陆小凤道:"你已不是帮会的帮主?"

李燕北长叹道:"现在这帮会的帮主也已是他,我已将十年前从前任帮主手里接过来的龙旗令符当着证人之面交给了他。"

陆小凤道："证人是谁找来的？"

李燕北道："虽然是他找来的，但却也是我一向都很尊敬的江湖前辈。"

陆小凤道："是谁？"

李燕北道："一位是武当的木道人，一位是黄山的古松居士，还有一位是老实和尚。"

陆小凤怔住。他吃惊地停下脚步，连脸色都似已变了："难怪我找不到他们，原来我走了之后，他们反而来了。"

李燕北道："我并没有在他们面前提起你。"

陆小凤道："既然是他们做的见证，这件事的确已没有挽回的余地。"

李燕北道："我本来也没有想挽回，这本是我自己决定的。"他看着陆小凤的表情，又道，"但你却好像还有什么话要说。"

陆小凤沉默着，终于慢慢地点了点头，道："我的确有件事要警告你。"

李燕北道："什么事？"

陆小凤道："江南不但是个好地方，也是个美人窝，你到了那里后，最好老实些。"他笑了笑，接着道，"一个月只有三十天，你若是再娶三十个老婆，不打破头才怪。"

李燕北也笑了，拍着陆小凤的肩笑道："你放心，用不着你说，我也会将那里的美人全都留下来给你的。"

陆小凤大笑道："那么我一定很快就会去找你，免得你改变了主意。"

他并没有说出叶孤城的事，他几次想说，又忍了下去。李燕北是他的朋友。朋友要走了，为什么不让他带着笑走？能够让朋友笑的时候，就绝不让朋友生气难受——这是陆小凤的原则。可是他一定要分清谁是仇敌,谁是朋友。

"你准备什么时候走?"他忽然问。

"也许还得过了明天。"面对着这古老而亲切的城市,李燕北目光又不禁露出一种说也说不出的留恋和伤感,"我虽然已是个局外人,但却还是想知道这一战的结果。"

陆小凤慢慢地点了点头,他也了解李燕北此时的心情。

"你走的时候,我也许不会送你,可是你若再来,无论刮多大的风,下多大的雨,我也一定会去接你。"他勉强笑了笑,"我一向不喜欢送行。"离别总是令人伤感的,他虽然轻生死,却重离别。

"我明白。"李燕北也勉强作出笑脸,"我这一次走,虽然永远也不会再回来了,可是你若到了江南,我也一定会去接你。"

陆小凤没有再说什么,陪着他走了一段路,忽然又问道:"木道人他们,是不是和顾青枫一起走的?"

"是。"

"你想他们会到哪里去?"

"白云观。"李燕北道,"白云观的素斋和酒,也一向很有名。"

02

白云观仿佛就在白云间,金碧辉煌,宏伟壮观,雾还没有散尽,远远看过去,这道观的确就像是缥缈在白云间的一座天上宫阙。镶着黄铜兽环的黑漆大门已开了,却看不见人,晨风间隐约传来一阵阵诵经声,道人显然正在早课。

可是大殿里也没有人,几片刚落下的黄叶,在庭院中随风而舞。

陆小凤穿过院子，走过香烟缭绕的大殿，从后面的一扇窄门走出去，忽然发现一个青衣黄冠的道人，正站在梧桐树下，冷冷地看着他。梧桐没有落叶，后院中的秋色却更浓。

陆小凤试探着问："顾青枫真人在不在？"

道人没有回答，一双发亮的眼睛，在白雾中看来，就像是刀锋般闪着寒光。一阵风吹过，陆小凤忽然发现他肩后黄穗飘飞，竟背着口乌鞘长剑。

"道长莫非就是顾真人？"

道人还是不开口，脸上也完全没有表情。

陆小凤笑了笑，喃喃道："原来这老道是个聋子，我问错人了。"

这道人并不是聋子，突然冷笑道："你没有问错人，却来错了地方。"

"这里不是白云观？"

"是。"

"白云观为什么来不得？"

道人冷冷道："别人都能来，只有你来不得。"

陆小凤忍不住问："你知道我是谁？"

道人冷笑着，忽然闪过身，梧桐树的树皮已被削去了一片，上面赫然用朱砂写着八个字："小凤飞来，死于树下。"

陆小凤叹了口气，道："你果然知道我是谁！"

道人冷冷道："凤栖梧桐，这棵梧桐就是你的葬身之地。"

陆小凤忽然又问道："你见过我？"

道人道："没有。"

陆小凤道："我们有旧恨？"

道人道："没有。"

陆小凤道："有新仇？"

道人道："也没有。"

陆小凤苦笑道："我们既然素不相识，又没有新仇旧恨，你为什么一定要我的命？"

道人道："因为你是陆小凤。"

陆小凤苦笑道："这理由好像就已够了。"

道人道："足够了。"他的手一反，长剑已出鞘。

"好剑！"剑光如一泓秋水。道人以指弹剑，剑作龙吟。龙吟声中，四面忽然又出现了六个装束和他一样的黄冠道人。六个人，六柄剑，也都是百炼精钢铸成的青锋长剑。

剑柄的黄穗在风中飘飞，突然同时出手，赫然正是道派北宗、全真派的不传之秘，北斗七星阵。那脸如枯木的道人，显然就是发动剑阵的枢纽。

他的剑法精妙流动，虽然还不能和叶孤城、西门吹雪那种绝世无双的剑客相比，可是剑走轻灵，意在剑先，已是江湖中的一流高手。

何况这北斗七星阵结构精密，配合无间，七柄剑竟仿佛有七十柄剑的威力，陆小凤竟似已连还击的机会都没有。剑光如网，他就像是一条已落入网里的大鱼，在网中飞腾跳跃，却还是逃不出网去。

剑网已愈收愈紧。

陆小凤忽然叹了口气，道："剑是好剑，剑法也是好剑法，只可惜你们这些人错了。"

没有人问他"错在哪里？"就算有人想问，也已来不及，就在这一瞬间，陆小凤已突然出手，只见他身子滴溜溜一转，手掌已托住了那青衣道人的右肘，轻轻一带。

接着，就是一片金铁交击之声，七柄长剑互相撞击，火星四溅，陆小凤的人已游鱼般滑了出去，已不再是条被困在网中的鱼。

也就在这一瞬间，突听一声冷笑，一道寒光长虹般飞来。这一剑的速度和威力，更远在黄冠道人之上。陆小凤身子刚脱出剑阵，剑光已到了他咽喉要害前的方寸之间。

森寒的剑气，已刺入了他的肌肤毛孔。陆小凤反而笑了，突然伸出两根手指一夹！

对方还没有听见他的笑声，剑锋已被他夹住，他的出手竟远比声音更快。

剑气已消失，陆小凤用两根手指夹住剑锋，微笑着，看着面前的人——一个锦衣华服，白面微须的中年人，这个人也正在吃惊地看着他。

没有人相信世上竟真有这么快的出手，这个人显然也不信。他自信剑法之高，已不在叶孤城、西门吹雪这些人之下，自信刚才那出手一击，绝不会落空，现在他才知道自己已想错了。

就在这时，梧桐树后的屋檐下，忽然传出了一个人的大笑声，道："我早就说过，叶孤城的'天外飞仙'，陆小凤的'灵犀一指'，都是绝世无双的武功，你们如今总该相信了吧？"

另一个人在叹息："我们总算开了眼界，佩服佩服！"

锦衣华服的中年人忽然也叹了口气，道："陆小凤果然不愧是陆小凤。"

03

捋须大笑的是木道人,微笑叹息着的,想必就是白云观主顾青枫。有些人脸上好像永远都带着微笑,顾青枫就是这种人,他本来就是个仪容修洁,风采翩翩的人,微笑使得他看来更温文而亲切。

他微笑着走过来,挥袖拂去了梧桐上的朱砂,道:"陆公子现在想必已看出,这只不过是……"

陆小凤替他说了下去:"只不过是个玩笑。"

顾青枫显得很惊奇:"你知道?"

陆小凤点点头:"因为有很多人都跟我开过这种玩笑。"

顾青枫目中露出歉意:"这玩笑当然并不太好。"

"不太好,也不太坏。"陆小凤道,"至少每次有人跟我开这种玩笑时,我都会觉得自己运气不错。"

"为什么?"

陆小凤淡淡道:"我的运气若不好,这玩笑就不是玩笑了。"

他轻轻放下了手里夹着的剑锋,好像生怕剑锋会割破他的手指一样:"一个人的咽喉若是被刺了个大洞,至少他自己绝不会认为那是玩笑。"

那锦衣华服的中年人也笑了,笑容中也带着歉意:"我本来并不想开这种玩笑的,可是他们都向我保证,世上绝没有任何人能一剑刺穿陆小凤的咽喉,所以我就……"

陆小凤又打断了他的话,替他说了下去:"你就忍不住想试试?"

锦衣华服的中年人笑道:"他们也向我保证过,你绝不会生气的。"

陆小凤也笑了笑，道："我就算想生气，也不敢在大内的护卫高手面前生气的。"

这人显得很惊讶："你认得我？"

陆小凤微笑道："除了'富贵神剑'殷羡殷三爷，还有谁能使得出那一招'玉女穿梭'？"

木道人又大笑："我是不是也早就说过，这个人非但手上有两下子，眼力一向也不错。"

江湖中人都知道，皇宫大内中，有四大高手，可是真正见过这四个人的并不多。

"你眼力果然不错。"殷羡大笑着，拍着陆小凤的肩，"我已有十余年未曾走过江湖，想不到你居然还是认出了我。"

陆小凤笑道："能使出'玉女穿梭'这一招的人并不少，可是能将这一招使得如此出神入化的，天下却只有一个。"

他对这个人的印象并不错。

在他想象中，大内高手们一定都是眼睛长在头顶上的。这个人至少很和气，笑得也很令人愉快。所以陆小凤也希望能让他觉得愉快些。

殷羡眼睛里果然已发出了光，忽然紧紧握住了陆小凤的手，道："你说的是真话？"

陆小凤道："我从不说谎。"

殷羡道："那么你一定还要告诉我，我这招'玉女穿梭'比起叶孤城的'天外飞仙'怎么样？"

陆小凤叹了口气，真话并不是能令人愉快的："你一定要我说？"

殷羡道："我知道你也接过他一招'天外飞仙'，所以，世上只有你一个人够资格评论我们的高下。"

陆小凤沉吟着，道："我接他那一招时，背后是墙，我完全没有后顾之忧，我接你这招时，背后却还有七柄剑。"

殷羡眼睛里的光又暗淡了下去，道："所以我比不上他。"

陆小凤道："你的确比不上他！"

殷羡也叹了口气，道："现在我总算已见识了你的'灵犀一指'，可是他的'天外飞仙'……"

顾青枫忽然笑了笑，道："他的'天外飞仙'，你也很快就会看到的。"

殷羡道："我一定能看得到？"

顾青枫道："一定。"

殷羡眼睛里又在闪着光，明天就是月圆之夕！

顾青枫道："紫金之巅就是紫禁之巅！"他微笑着，又道，"所以就算别人看不到，你也一定能看得到。"

殷羡握紧了手里的剑，喃喃地道："紫禁之巅，他们居然敢选这么样一个地方……他们好大的胆子！"

顾青枫道："若没有惊人的功夫，又怎么会有惊人的胆子？"

殷羡沉默着，忽然道："你本不该将这件事告诉我的。"

顾青枫道："为什么？"

殷羡道："莫忘记我是大内的侍卫，我怎么能让他们擅闯禁地？"

顾青枫道："你可以破例一次。"

殷羡道："为什么要破例？"

顾青枫道："因为我知道你一定想见识他那着绝世无双的'天外飞仙'！"

殷羡又叹了口气，苦笑道："你这人最大的毛病，就是你知道的事太多了。"

陆小凤也叹了口气，道："的确太多了。"

顾青枫道："你想不到我会知道这件事？"

陆小凤道:"这本来是个秘密。"

顾青枫微笑道:"现在这已不是秘密,在京城里,根本就没有秘密。"

陆小凤道:"所以你早就知道我会来?"

顾青枫道:"你是李燕北的朋友,若不是你,他只怕早已死在杜桐轩手里!"

木道人忽然道:"我们本是去找你的,想不到却做了他们的见证。"

陆小凤道:"老实和尚呢?"

木道人道:"他是被我拖去的,我知道你本就在找他。"

顾青枫道:"只可惜我还是去晚了,没有尝到十三姨亲手为你做的火燎羊头!"

陆小凤道:"出家人也吃羊头?"

顾青枫笑了笑,道:"不吃羊头的出家人,又怎么肯花一百九十五万两,买下李燕北的赌注?"

陆小凤盯着他,道:"你是不是已有把握知道不会输?"

顾青枫淡淡道:"若是有输无赢的赌注,你肯不肯买?"

陆小凤道:"不肯。"

顾青枫道:"你若已买了下来,是不是多少总有些把握?"

陆小凤又笑了,道:"看来你也跟我一样,也不会说谎。"

顾青枫道:"出家人怎么能说谎?"

陆小凤道:"只可惜若有人要你说实话,好像也不太容易。"

顾青枫笑道:"出家人打惯了机锋,本就是虚虚实实,不虚不实,真真假假,不真不假的。"

殷羡忽又拍了拍陆小凤的肩,笑道:"其实你也该学学他,偶尔也该打打机锋,甚至不妨说两句谎话。"

陆小凤叹道:"只可惜我一说谎就会抽筋,还会放屁。"

殷羡吃惊地看着他,道:"真的?"

陆小凤道:"假的!"

04

禅房里居然还坐着一屋子人,一个个全都毕恭毕敬地坐在那里,就像是一群坐在学堂里等放学的规矩孩子,他们当然不是孩子,也并不规矩。

陆小凤见过他们,每一个都见过——这些人本来每天早上都要跟着李燕北后面走半个时辰的,自从"金刀"冯昆被抛入冰河里之后,就从来也没有人敢缺席过一次,可是从今天起,他们已不必再走了。

——今天只有你一个人?

——今天别人都有他们自己的事。

原来这就是他们自己的事。

陆小凤看着他们,忽然笑了笑,道:"坐着虽然比走路舒服,可是肚子很快就会坐得凸出来的,肚子太大,也未必是福气。"

每个人都垂下了头,一个人的头垂得最低。"杆儿赵"赵正我。

看见了他,陆小凤立刻又想起了那匹白马,马背上驮着的死人,和那个年少气盛的严人英。

"人是怎么死的?马是哪里来的?"陆小凤想问,却不能问,现在的时候不对,地方也不对。

若是换了别人,只有装着看不见,但陆小凤不是别人。

顾青枫正在布酒,陆小凤忽然冲过去,一把揪住了杆儿赵的衣襟,厉声道:"就是你,我今天总算找到了你,你还想往哪里逃?"

大家的脸色全变了,谁也不知道这是怎么一回事,脸色变得最厉害的,当然还是杆儿赵,他自己也不知道这是怎么回事。

顾青枫想过来劝,木道人也想过来劝,陆小凤却铁青着脸,冷冷道:"我今天要跟这个人算一笔旧账,非算不可的旧债,等我算完了,再来陪各位喝酒,若有谁想拦我……"他没有说下去,也不必说下去,没有人愿为杆儿赵得罪陆小凤。

他居然就当着这么多人面前,把杆儿赵拉了出门,拉出了白云观,拉进一个树林里。

太阳已升起,升得很高,今天又是好天气。树林里仍然是阴森森的,阳光从林叶间漏下来,正照在杆儿赵脸上。

他的脸已吓得发白,嗫嚅着道:"究竟是什么事?我跟陆大侠又有什么旧账?"

"没有事。"陆小凤忽然放开了手,微笑道,"也没有旧账,什么都没有。"

杆儿赵怔住,但脸上总算已有了血色:"难道这也只不过是玩笑?"

陆小凤道:"这玩笑并不好,简直比刚才跟他们的玩笑更糟。"

杆儿赵松了口气,赔笑道:"玩笑虽不好,总比不是玩笑好。"

陆小凤忽然又沉下脸,冷冷道:"只不过玩笑有时也会变得不是玩笑的。"

杆儿赵擦了擦头上的冷汗,道:"我若已替陆大侠把消息打听出来,它还会不会变?"

陆小凤笑了:"不会,绝不会!"

第五章

初入禁城

01

九月十四,上午,阳光正照在紫禁城的西北角上。虽然有阳光照耀,这地方也是阴暗而陈腐的,没有到过这里的人,绝对想不到在庄严宏伟、金楼玉阙的紫禁城里,也会有这么样一个阴暗卑贱的角落,陆小凤就想不到。

宏伟壮丽的城墙下,竟是一片用木板和土砖搭成的小屋,贫穷而简陋,街道也是狭窄龌龊的,两旁有一间已被油烟熏黑了的小饭铺,嘈杂如鸡窝的小茶馆,布满了鸡蛋和油酱的小杂货店。

风中充满了烟臭、酒臭、咸鱼和霉豆腐的恶臭,还有各式各样连说都说不出的怪臭,再混合着女人头上的刨花油香、炸排骨和炖狗肉的异香,就混合成一种无法形容,不可想象的味道。

陆小凤就连做梦也想不到世上竟真有这么样的味道,他简直不能相信这地方就在紫禁城里。

可是他的确已进了紫禁城,是杆儿赵找了个太监朋友,带他们进来的。

杆儿赵实在是个交游广阔的人,各式各样的朋友他都有。

"紫禁城里的西北角,有个奇怪的地方,我可以保证连陆大侠你都绝对不曾到那种地方去过，常人就算想去，也办不到。"

"为什么？"

"因为那是太监的亲戚本家们住的地方，皇城里的太监们，要出来一次很不容易，平常有了空，都到那地方去消磨日子，所以那里各式各样邪门歪道的东西都有。"

"你想到那里去看看？"

"我认得那个叫安福的太监，可以带我们去。"

"可是我们为什么要到那里去？"

"因为我已打听过，那匹白马，就是从那附近出来的。"

"那么你还等什么？还不赶快去找安福？"

"只不过还有件事，我不能不说。"

"你说。"

"太监都是怪物，而且身上还有股说不出的臭气！"

"为什么会有臭气？"

"因为他们身上虽然少了件东西，却多了很多麻烦，洗澡尤其不方便，所以他们经常几个月不洗澡。"

"你是不是叫我忍着点？"

"就因为他们都是怪物，所以最怕别人看不起他们，那个小安子若是对陆大侠有什么无礼之处，陆大侠千万要包涵。"

陆小凤笑了："你放心，只要能找到西门吹雪的下落，那个小太监就算要骑在我头上，我也不会生气。"他说这句话的时候，的确是在笑，他觉得这件事不但好笑，而且有趣。

可是现在他已笑不出了，他忽然发觉这件事非但一点也不好笑，而且无趣极了。

这个叫小安子的太监虽然没有骑在他头上，却一直拉着他的手，对他表示亲热，甚至还笑嘻嘻地摸了摸他的胡子。陆小凤只觉全身上下，连寒毛带着胡子都在冒冷汗、打寒噤。

没有被太监摸过的人，绝对想不到这种滋味是种什么样的滋味。

"这世上又有几个人被太监摸过？"陆小凤只觉得满嘴发苦，又酸又苦，几乎已忍不住要吐了出来。他居然还没有吐出来，倒真是本事不小。

上次他挖了十天蚯蚓后，已觉得自己是世界上最臭的人，现在他才知道，那时若有个太监去跟他比一比，他还可以算是个香宝宝。现在小安子好像就拿他当作了个香宝宝，不但拉着他的手，看样子好像还想嗅一嗅，不但摸了他的胡子，看样子好像还恨不得能摸摸他别的地方。

看着陆小凤脸上的表情，杆儿赵实在忍不住想笑，他居然还没有笑出来，倒也真是本事不小。

茶馆里的怪味道好像比外面更浓，伙计也是个阴阳怪气的人，老是看着陆小凤嘻嘻地直笑，还不时向小安子挤眼睛。陆小凤也忍下了这个人。

他到这茶馆里来，只因为小安子坚持一定要请他喝杯茶，不管怎么样，喝杯茶总比跟一个太监在路上拉拉扯扯好些。何况，茶叶倒是真正好的三熏香片。而且小安子总算已放开了他的手。

"这茶叶是我特地从宫里面捎出来的，外面绝对喝不到。"

陆小凤承认："我倒真没喝过这么好的茶！"

"只要你高兴，以后随时都可以来喝。"小安子笑得眯起了眼睛，"也许这也是缘分，我一瞧见你就觉得我们可以交个朋友。"

"我……我以后……以后会常来的！"陆小凤忽然发现自己连口齿都变得不清了，简直好像变成了个结巴。

幸好这时外面正好有个老太监走过，小安子又放开他的手，赶出去招呼。太监走起路来，总有点怪模怪样，两条腿总是分得开开的。

这老太监走路的样子更怪,衣服却比别的太监穿得考究些,说起话来总是摆着个兰花手,看来就像是个老太婆,陆小凤只有不去看他。

"那是我们的王总管。"小安子忽然又回来了,"王总管一回来,麻六哥的赌局就要开了,你想不想去玩几把?"

陆小凤赶紧摇头,勉强笑道:"我有些事想麻烦你!"

"你说,尽管说。"小安子又想拉他的手,"不管什么事,只要你说,我都照办。"

"不知道你能不能去替我打听打听,最近有没有外面的人到这里来过。"

"行,我这就去替你打听。"小安子笑道,"我也正好顺便回去看看我的孩子老婆。"他总算走了,临走的时候,还是摸了摸陆小凤的手,杆儿赵低下头,总算又忍住没有笑出来。

陆小凤瞪了他一眼,却又忍不住悄悄地问道:"太监怎么也会有孩子老婆?"

"那当然只不过是假凤虚凰。"杆儿赵道,"可是太监有老婆的倒不少!"

"哦?"

"宫里面的太监和宫女闲得无聊,也会一对对地配起来,叫作'对食',有些比较有办法的太监还特地花了钱,从外面买些小姑娘来做老婆。"

陆小凤叹了口气,道:"做太监的老婆,那日子只怕很不好过。"

杆儿赵也不禁叹了口气,道:"实在很不好过。"

其实太监们本身又何尝不是可怜的人,他们的日子又何尝好过?

陆小凤心里忽然觉得很不舒服,立刻改变话题,说道:"我想西门吹雪无论怎样都绝不会躲在这里。"

杆儿赵道:"也许就因为他算准别人想不到,所以才要躲到这里来！"

"我以前也这么样想，可是现在……"陆小凤苦笑道，"现在我到这里来一看，叫我在这里待一天，我都要发疯，何况西门吹雪？"他一向都比西门吹雪随和得多。

杆儿赵道："只不过那匹白马倒的确是从这附近出去的！"

陆小凤沉吟道："张英风也很可能死在这里的。"他看着外面窄小的屋子和街道，"在这里杀了人后，想找个藏尸首的地方只怕都很难找到！"

杆儿赵道："所以只有把尸首驮在马背上运出去。"

陆小凤点了点头，又皱眉道："但是，西门吹雪若不在这里，张英风是死在谁手里的？还有谁能使得出那么快的剑？"这问题杆儿赵当然无法回答。

他们喝了杯茶，发了一会呆，小安子居然就已回来了，而且居然真的把消息打听了出来。

"前天晚上，麻六哥就带了个人回来，是个很神气的小伙子。"

陆小凤精神一振，立刻问道："他是不是姓张，叫张英风？"

小安子道："那就不太清楚了！"

陆小凤又问道："现在他的人呢？"

"谁管他到哪儿去了！"小安子笑道，"麻六哥是个老骚，看那小伙子年轻力壮，说不定已经把他藏了起来。"他眯着眼睛，看着陆小凤，好像也很有意思把陆小凤藏起来。这些人在这种地方，本就是什么事都做得出的。

"麻六哥的赌局在哪里？"陆小凤忽然站起来，"我的手忽然痒了，也想去玩两把！"

"行，我带你去！"小安子又拉起了他的手，笑道，"你身上的赌本若不够，只管开口，要多少哥哥我都借给你。"

陆小凤忽然叹了口气,喃喃道:"我现在的确想借一样东西,只可惜你绝不会有。"

他现在唯一想要的东西,就是一副手铐,好铐住这个人的手。

02

麻六哥并不姓麻,也不是太监,麻六哥是个高大魁伟、满身横肉,胸膛上长满了黑毛的大麻子,脸上总是带着种自命不凡,不可一世的微笑。

他站在一群太监里,就好像一只大公鸡,站在一群小母鸡中一样,显得又威风、又得意。

这些太监们看着他的时候,也好像女人们看着自己的老公一样,显得又害怕、又佩服。

陆小凤却只觉得他们又可笑、又可怜、又可恶。

——可怜的人,是不是总一定有些可恶之处?

屋子里就像是窑洞一样,烟雾腾腾,臭气熏天,围着桌子赌钱的人,十个中有九个是太监,一面掷骰子,一面扒耳朵、捏脚,捏完了再嗅,嗅完了再捏,还不时东抓一把,西摸一把。

庄家当然就是麻六哥,得意洋洋地挺着胸站在那里,每颗麻子里都在发着红光。杆儿赵没有走进来。一到门口,他就开溜了。

"我再到别的地方去打听打听,过一会儿再转回来。"他溜得真快。陆小凤想拉也没法子拉,只有硬着头皮一个人往里闯。

小安子居然还替他在前面开路:"伙计们,闪开点,靠靠边儿,我有个好兄弟也想来玩几手!"

一看见陆小凤，麻六哥的眼睛就瞪了起来，而且充满了敌意，也正像是一只公鸡忽然发现自己窝里又有只公鸡闯进来了。

他一双三角眼，上上下下打量了陆小凤好几遍，才冷冷道："你想玩什么？玩大的还是玩小的？玩真的还是玩假的？"

太监们一起笑了，笑的声音也像是一群小母鸡，笑得陆小凤全身都起了鸡皮。

小安子抢着道："我这兄弟是大角儿，当然玩大的，愈大愈好！"

"你想玩大的？"麻六哥瞪着陆小凤，"你身上的赌本有多少？"

陆小凤道："不多，也不少！"

麻六哥冷笑道："你究竟有多少？先拿出来看看再说。"

陆小凤笑了。气极了的时候，他也会笑的。

"这够不够？"他随手从身上掏出张已皱成一团的银票，抛在桌上。

大家又笑了，这张银票看起来简直就像是张草纸，有个小太监笑嘻嘻地用两根刚捏过脚的手指把银票拈起来，展开一看，眼睛突然发直："一万两？"

这张草纸般的银票，居然是一万两，而且还是东四牌楼"四大恒"开出来的，保证十足兑现。

小安子笑了，挺起了胸脯，笑道："我早就说过，我这兄弟是大角儿。"

看见这张银票，麻六哥的威风已少了一半，火气也小了，勉强笑道："这么大的银票，怎么找得开？"

"不必找。"陆小凤淡淡道，"我只赌一把，一把见输赢。"

"一把赌一万两？"麻六哥脸上已开始冒汗，每一颗麻子都在冒汗。

陆小凤道："只赌一把。"

麻六哥迟疑着，看着面前的几十两银子，讷讷道："我们这儿不赌这么大的！"

陆小凤道："我也知道你赌本不够，所以你输了，我只要你两句话。"

"你若输了呢？"

"我输了，这一万两就是你的！"

麻六哥眼睛又发亮，立刻问道："你要我两句什么话？"

陆小凤盯着他，一字一字道："你前天晚上带回来的人是不是张英风？他是怎么死的？"

麻六哥脸色突然变了，太监们的脸色也变了，突听一个人在门口冷冷地说道："这小子不是来赌钱的，是来捣乱的，你们给我打。"

这人说话尖声细气，正是那长得像老太婆一样的王总管。

"打！打死这小子！"麻六哥第一个扑上来，太监们也跟着扑过来，连抓带咬，又打又撕。

陆小凤当然不会被他们咬到，可是也不能真的对这些半男不女的可怜虫用杀手。

他只有先制住一个人再说——擒贼先擒王，若是制住了麻六哥，别的人只怕就会被吓住了。

谁知麻六哥手底下居然还有两下子，不但练过北派的谭腿和大洪拳，而且练得还很不错，一拳击出，倒也虎虎生风，只可惜他遇见的人是陆小凤。

陆小凤的左掌轻轻一带，就已将他的腕子托住，右手轻轻一拳打在他胸膛上，他百把多斤重的身子就被打得往后直倒。

屋子里全是人。他倒下去，还是倒在人身上，等他站起来的时候，脸上已毫无血色，嘴角却有鲜血沁出。

陆小凤怔住,刚才那一拳,他并没有用太大力气,绝不会把人打成这样子。

这是怎么回事?麻六哥喉咙里"咯咯"地响,眼珠子也渐渐凸出。

陆小凤忽然发现这是怎么回事了——他左胁之下,竟已赫然被人刺了一刀,刀锋还嵌在他的胁骨里,直没至柄。

无论谁挨了这一刀,都是有死无活的了,屋子里的人实在太多太乱,连陆小凤都没有看出这是谁下的毒手。唯一的证据只有这把刀。

他冲过去,拔出了这把刀,鲜血飞溅而出,麻六哥的人又往后倒,倒下去的时候,仿佛还说了句话,却没有人听得清。

太监们已一起大叫了起来,大叫着冲出去:"快来人呀,这儿杀了人了,快来抓凶手!"

陆小凤虽然绝不会被他们抓住,可是这群太监会做出什么事来,连他都想象不到。

他也不愿意去想。三十六着,走为上策,陆小凤双臂一振,旱地拔葱,"砰"的一声,屋顶已被他撞破个大洞。

他的人已蹿了出去。只见四面八方都已有人冲过来,有的拿着刀,有的提着棍子。

03

陆小凤唯一的退路,就是越墙而出。可是紫禁城的城墙看来至少有十来丈高,普天之下,绝没有人能一掠而出的,就算昔年以轻功名震天下的楚留香复生,也绝没有这种本事。

幸好陆小凤手里还有把刀,他的人突然蹿起,一掠四丈,反手一刺,刀锋刺入城墙。

他的人已贴上城墙,再拔出刀,壁虎般滑了上去,快到墙头时,脚尖一蹴,凌空翻身,一个"细胸巧翻云",飘飘地落在墙头。

突听城墙上一个人冷笑道:"你还想往哪里跑?你跑不了的!"

陆小凤只听见声音,还没有看见人,也不知道人是不是已出手。

他脚尖一点,人又跃起,又凌空翻了个身,才看见了这个人。这个人居然躺在紫禁城的城垛子上晒太阳,身上穿的是件又脏又破的青布袍,脚上穿的是双穿了底的破草鞋,头皮却光得发亮。

这个人竟是个和尚。

"老实和尚。"陆小凤忍不住叫了出来,几乎一下子跌到城墙下面去。

老实和尚笑了,大笑道:"休吃惊,莫害怕,和尚要抓的不是你,是这个小东西。"他用两根手指捏住只虱子,又笑道,"我这两根手指一夹,虽然比不上你,可是天下的虱子,绝没有一个能逃得了的。"他手指头一用力,虱子就被捏扁了。

陆小凤冷笑道:"上天有好生之德,和尚为什么也杀生?"

老实和尚道:"和尚若不杀虱子,虱子就要吃和尚。"

陆小凤道:"佛祖不惜舍身喂鹰,和尚喂喂虱子又何妨?"

老实和尚道:"只可惜和尚的血本就不多,喂不得虱子。"

陆小凤道:"所以和尚就不惜开杀戒?"

老实和尚不开口了。

陆小凤道:"和尚既然开了杀戒,想必也杀过人的。"

老实和尚还是闭着嘴!

陆小凤冷笑道:"和尚为什么不说话了?"

老实和尚叹了口气,道:"和尚不说谎,所以和尚不说话。"

陆小凤目光如刀锋,盯着他,道:"和尚从来也不说谎?"

老实和尚道："和尚至少没有对可怜人说过谎。"

陆小凤道："我是个可怜人？"

老实和尚叹道："看你一天到晚东奔西走，忙忙碌碌，哪里有和尚悠闲？"

陆小凤冷冷道："和尚只怕也并不太悠闲！"

老实和尚道："谁说的？"

陆小凤道："我说的。"他冷笑着又道，"你前两天还在张家口，昨天就到了京城，又忙着替叶孤城传消息，又忙着为别人做证人，现在居然跑到紫禁城上来了，这么样一个和尚，也算悠闲？"

老实和尚却又笑了，道："和尚纵然不悠闲，至少心里没有烦恼。"

陆小凤道："虽然没有烦恼，却好像有点鬼鬼祟祟。"

老实和尚道："和尚从来也不鬼祟！"

陆小凤道："不鬼祟的和尚，跑到这里来干什么？"

老实和尚道："因为和尚知道有人要找一匹活人不骑，却让死人骑的白马！"

陆小凤冷笑道："看来和尚不但消息灵通，还很喜欢管闲事！"

老实和尚道："这件事和尚不能不管！"

陆小凤道："为什么？"

老实和尚道："因为和尚虽没有儿子，却有个外甥！"

陆小凤道："难道张英风是和尚的外甥？"

老实和尚点点头，叹道："现在和尚已连外甥都没有了。"

陆小凤不说话了，因为他也觉得很意外，这一天来他发现了很多怪事，每件事好像都互相有点关系，却又偏偏串不到一条线去。叶孤城、公孙大娘、孙老爷、欧阳情、李燕北、张英风，这些都是被害的人。他们在表面看来，都是绝对互不相关的。

但陆小凤却偏偏又觉得他们都是被一根线串着的,暗算叶孤城、欧阳情和孙老爷的,显然还是同样一个人,用的也是同样一种手法。这三个人之间,却又偏偏连一点关系都没有。

陆小凤忽然道:"张英风的确是死在这里的!"

老实和尚道:"你已查出来?"

陆小凤点点头,道:"他的死,和这里一个叫麻六哥的人很有关系!"

老实和尚道:"你问过麻六哥?"

陆小凤道:"我想问的时候,他已经被人杀死灭口!"

老实和尚道:"但你却不知道是谁杀了他!"

陆小凤道:"我只知道他的死,又跟一个王总管很有关系!"

老实和尚道:"王总管又是何许人?"

陆小凤道:"是个像老太婆一样的老太监。"

老实和尚道:"他们为什么要杀张英风?"

陆小凤叹了口气,道:"我并没有说是他们杀了张英风。"

老实和尚道:"是谁杀了他?"

陆小凤道:"不管是谁杀了他,都绝不会是西门吹雪。"

老实和尚道:"为什么不会?"

陆小凤道:"因为我可以保证,西门吹雪绝对不在这里,也没有到这里来过!"

他嘴上虽然说得很有把握,其实心里也一样在怀疑。除了西门吹雪外,别人好像根本没有要杀张英风的理由。除了西门吹雪外,别人也没有那么锋利、那么快的剑!

老实和尚忽然又叹了口气,道:"你说了半天,和尚总算明白了一件事!"

陆小凤却不明白:"什么事?"

老实和尚道:"现在和尚虽然还是个迷迷糊糊的和尚,陆小凤也一样是个迷迷糊糊的陆小凤!"

陆小凤笑了,当然是苦笑。太阳渐渐升高,阳光正照着老实和尚的光头。

陆小凤看着他,看了半天,忽然道:"我这两天好像总是遇着道士和尚!"

老实和尚道:"你是个有缘人,有缘的人才会常常遇着道士和尚!"

陆小凤道:"我怎么会忽然变得有缘了?"

老实和尚道:"你自己也不知道?"

陆小凤冷笑道:"我知道,只因为我又在管这件闲事,所以才会有缘的。"

老实和尚道:"哦?"

陆小凤道:"和尚道士都是出家人,出家人本不该多事,但这件事牵涉到的出家人却特别多!"

老实和尚、木道人、顾青枫,还有那小庙里的胜通,的确都好像跟这件事很有关系。

"出家人穿的都是白袜子。"陆小凤又说道,"既然有青衣楼,有红鞋子,就很可能还有个白袜子。"

老实和尚又笑了,摇着头笑道:"你这人虽迷糊,幻想倒很丰富。"

陆小凤冷冷道:"不管怎么样,我总认为在暗中一定有个出家人,在偷偷摸摸地做些见不得人的勾当。"

老实和尚道:"哦?"

陆小凤道:"和尚就是出家人,你就是个和尚。"

老实和尚忽然抬起了一双泥脚,笑道:"只可惜,我这个和尚穿的不是白袜子,而是肉袜子!"

陆小凤道:"肉袜子也是白的。"

老实和尚道:"和尚的肉并不白!"

陆小凤又说不出话了——当然也有很多话是他现在还不想说的。所以他已准备要走。

他要走的时候,才发现他已走不了。

他要往东走,就发现东面的城楼上有两个人,背负着双手,慢慢地走过来。要往南走,南面也有两个人走了过来。若是想往下跳,城墙里面是太监的窝,城墙外面却已赫然多了好几排弓箭刀斧手。

陆小凤叹了口气,苦笑道:"看来这紫禁城实在不是陪和尚聊天的地方。"

04

城垛子很宽,两个人并肩而行,也不会嫌挤,从东面走来的两个人,一个面貌清癯,气度高贵;一个脸色苍白,面带冷笑。从南面走过来的两个人,一个目光如鹰,鼻子也好像鹰钩一样,另一个却正是殷羡。

这四个人的服饰都极华贵,态度都很高傲,气派都不小。

陆小凤又叹了口气,道:"看来大内的四位高手都已到齐了,和尚你说怎么办?"

老实和尚却笑道:"幸好和尚没杀人,也不是凶手,"他大笑着跳起来,忽然大声问道,"哪一位是'潇湘剑客'魏子云魏大爷?"

面容清癯的老人道:"正是在下。"

"哪一位是'大漠神鹰'屠方屠二爷?"

目光如鹰的中年人冷冷道:"是我。"

殷羡抢着道:"魏老大旁边的就是'摘星手'丁敖,我叫殷羡,大师你好!"

老实和尚道:"我不是大师,是个和尚,老老实实的和尚。"他指着陆小凤道,"这个人却不太老实,你们要找,就找他,千万莫要找和尚。"

丁敖冷冷道:"我们来找的本就是他。"

陆小凤居然又笑了:"是不是找我去喝酒?"

屠方沉着脸,道:"你擅入禁城,刀伤人命,你还想喝酒?"他显然并不是个很有幽默感的人,遇到了这种人,陆小凤只有苦笑。

"擅入禁城看来好像是真的,刀伤人命却是假的。"

丁敖冷笑道:"你手里的这柄刀并不假!"

陆小凤道:"手里有刀的,并不一定杀了人,杀了人的,手里并不一定有刀。"

屠方道:"杀人的不是你?"

陆小凤道:"不是。"

殷羡忽然道:"他若说不是,就一定不是,我知道他这人从来不说谎!"

丁敖冷冷道:"从来不说谎的人,我倒还没有见过。"

魏子云笑了笑,道:"那么你今天只怕就已见到两个!"

丁敖闭上了嘴。

魏子云淡淡道:"殷羡若说他从不说谎,杀人的就一定不是他!"

屠方本来想开口的,却也闭上了嘴。

魏子云又道:"何况,像麻六哥那种人,就算再死十个,也和我们全无关系,陆大侠想必也看得出我们并不是为此而来的!"

殷羡微笑道:"擅闯禁城的罪,这次也可以免了,因为明天晚上一定会有第二次！"

魏子云道："白云城主与西门吹雪，都是旷绝古今，天下无双的剑客，他们明夜的一战，想必也一定足以惊天动地，震烁古今。"

殷羡道："只要是练武的，我想绝没有人愿意错过这一战！"

魏子云道："我们虽然身在皇家，却也是练武的人，故我们也一样想见见这两位当世名剑客的风采，更想见识见识他们天下无双的剑法。"

殷羡道："其实我们既然已知道这件事，就该加倍防守，布下埋伏，让他们根本来不得！"

魏子云道："但我们却并不想做这种焚琴煮鹤、大煞风景的事，更不想因此而得罪天下英雄！"他慢慢地接着道，"一个人既然出身在江湖，就不该忘了根本，这一点陆大侠想必应该明白的！"

陆小凤道："我明白。"他的态度也变得很严肃，因为他忽然发现这位"潇湘剑客"实在是个很诚恳的君子。

魏子云道："可是我们毕竟有责任在身，总不能玩忽职守，紫禁城毕竟也不是可容江湖人来去自如的地方。"

陆小凤道："这一点我也明白！"

魏子云道："实不相瞒，我们今天这么样做，为的就是想要陆大侠明白这一点。"

丁敖终于又忍不住冷笑道："现在陆大侠想必也已看出，要想在这紫禁城里随意来去，并不是件很容易的事！"

陆小凤也不能不承认，城下的刀斧生光，箭已在弦，城上的这四个人十余年前就已名动江湖，若是同时出手，天下绝没有任何人能挡得住他们的联手一击！

魏子云道："说来说去，我们只希望陆大侠能答应我们一件事！"

陆小凤道："请吩咐！"

魏子云道:"我们只希望明天来的人不要太多,最好不要超过八位!"

陆小凤终于明白他们的意思,他们想必已计算过,以大内的武卫之力,来的若只有八个人,纵然出了事,他们也有力量应付。

但是陆小凤却不懂:"为什么这件事要我答应?我并不能替别人做主,更不知道会有多少人要来?"

魏子云道:"可是我们却希望陆大侠做主。"

陆小凤更不懂。

魏子云不等他再问,已解释着道:"除了白云城主和西门吹雪外,其余的六个人,我们希望由陆大侠来负责挑选。"

陆小凤道:"你的意思是说,明天晚上,只有我指定的六个人,才能到这里来?"

魏子云道:"我们正是这意思!"

陆小凤笑了,苦笑。他忽然发现这位"潇湘剑客"虽然是个诚实君子,却也是条老谋深算的老狐狸,来的人若是由他来挑选,万一出了事,他当然更不能置身事外。

魏子云道:"这里有六条缎带,陆大侠认为谁能来,就给他一条,请他来的时候,系在身上!"

殷羡道:"这种缎子来自波斯,是大内珍藏,在月光下会变色生光,市面上绝难仿造!"

魏子云道:"我们已令人设法通知各地的武林朋友,让他们知道这件事!"

丁敖冷冷道:"身上没有系这条缎带的人,无论是谁,只要敢擅入禁城一步,一律格杀勿论!"

魏子云已拿了一束缎带,双手捧过来,道:"此物就请陆大侠收下。"

陆小凤看着这束闪闪发光的缎带，就像是看着一堆烫手的热山芋一样，他知道自己只要接下这束缎带，就不知道又有多少麻烦惹上身。

魏子云当然也看得出他的意思，缓缓道："陆大侠若不肯答应这件事，我们当然也不敢勉强，只不过……"

陆小凤道："只不过怎么样？"

魏子云道："只不过我们既有职责在身，为了大内的安全，就只好封闭禁城，请白云城主和西门吹雪易地而战了。"

陆小凤道："那么这责任就由我来负了，别人若要埋怨，也只会埋怨我！"

魏子云淡淡道："所以我们还是请陆大侠多考虑考虑。"

陆小凤叹了口气，苦笑道："看来我好像并没有很多选择的余地！"

魏子云微笑不语。

陆小凤又叹了口气，喃喃道："为什么这种能叫人烫掉手的热山芋，总是要抛给我呢？"

老实和尚忽然笑了笑，道："因为你是陆小凤。"

这理由就已够好了，足够。

05

陆小凤将缎带搭在肩上，慢慢地走下城楼。城下的弓箭刀斧手忽然已走光，走得就像他们出现时一样干净利落。守卫禁城的军卒，当然都是久经训练的战士。

他们的武功虽不高，可是弩硬弓强，刀快斧利，再加上兵法的部署，无论什么样的武林高手遇见他们，都未必有把握能对付得了。何况,大内的护卫中,除了魏子云他们外,也一定还有不少好手。

"除了你选的六个人外,无论谁擅闯禁城,一律格杀勿论!"

陆小凤忽然问道:"和尚相不相信他们的话?"

老实和尚已走在他的前面,回过头:"什么话?"

陆小凤道:"和尚若没有缎带,明天晚上敢不敢入禁城?"

老实和尚笑了笑,道:"和尚虽没有胆子,可是和尚有带子。"

陆小凤道:"你有带子?在哪里?"

老实和尚道:"在你身上。"

陆小凤也笑了:"我为什么一定要给你根带子?"

老实和尚道:"因为我是个和尚,老老实实的和尚。"

陆小凤带笑点了点头,道:"这理由好像也够好了。"

老实和尚道:"足够。"

陆小凤抽下根缎带,抛在他身上,道:"你最好换套衣裳!"

老实和尚道:"为什么?"

陆小凤道:"这根带子跟你的衣裳颜色不配!"

老实和尚道:"没关系,和尚不考究这些,何况这根带子还会变颜色!"

陆小凤淡淡道:"我只不过想提醒你,衣裳可以换,带子却换不得的。"

老实和尚又笑了,忽然道:"投之以桃李,报之以琼瑶,你给了和尚这根带子,和尚也有样东西送给你。"

陆小凤道:"什么东西?"

老实和尚道:"一句话。"

陆小凤道:"我在听。"

老实和尚看着他,道:"看你印堂发暗,脸色如土,最好赶快找个地方去睡一觉,直睡到明天晚上,否则……"

陆小凤道:"否则怎么样?"

老实和尚叹了口气,道:"死人身上就算有五根带子,也入不了禁城的。"

陆小凤道:"这是威胁?还是警告?"

老实和尚道:"这只不过是句老实话,和尚说的都是老实话。"

老实和尚先走了,陆小凤忽然发现他走路的姿势很奇怪,也像是个太监一样。

——和尚岂非本就跟太监差不多?

——可是和尚还能偷偷摸摸地去嫖姑娘!

——太监能有老婆,和尚为什么不能去嫖姑娘?

陆小凤叹了口气,决定不再继续想这件事,他还有很多事要想。

木道人、顾青枫、古松居士、李燕北、花满楼、严人英、唐家兄弟、密宗喇嘛、圣母之水峰的神秘剑客,还有七大剑派的高手。

这些人一定都不愿错过明天晚上那一战的,缎带却只有五条,应该怎么分配才对?也许怎么分配都不对。

陆小凤又不禁叹了口气,喃喃道:"要不到缎带的人,倒的确很可能来要我的命,我好像真的应该一觉睡到明天晚上!"

第六章

第一根线

01

能一觉睡上二十多个时辰的,只有两种人——有福气的人,有病的人。陆小凤既没有病,也没有这么好的福气。欧阳情却已晕睡了一天一夜。看到她的脸,陆小凤更没法子去睡了。

十三姨也显得很忧虑,轻轻道:"从昨天到现在,她只醒过来一次,只说了一句话!"

陆小凤道:"一句什么话?"

十三姨勉强笑了笑,道:"她问我,你有没有吃她做的酥油泡螺?还要我问你,好不好吃?"

陆小凤的心在收缩。看见那盘酥油泡螺还摆在桌上,他忽然觉得自己实在是个不知好歹的混蛋。

"一定好吃的。"他也勉强作出笑脸,"我一定要把它全吃光。"

十三姨道:"这种东西冷了就不酥了,我再去替你炸一炸。"

陆小凤道:"不必,这是她亲手炸的,我就这么样吃!"

十三姨叹了口气,道:"你总算还有点良心。"

陆小凤坐下来,一口就吃了两个,忽又问道:"李燕北呢?"

十三姨道:"走了。"

陆小凤道:"到什么地方去了?"

"不知道。"十三姨笑得更勉强,"他的家又不止这一个。"

陆小凤只有用一个酥油泡螺塞住自己的嘴。他忽然发现在十三姨脸上高贵的脂粉下,也不知藏着多少泪痕?多少悲哀?

一个女人,在一个月里,若有二十九个晚上都要独自度过,这种寂寞实在很难忍受。

可是她忍受了下来,因为她不能不忍受。这就是她的命运,大多数女人都有接受自己命运的韧力和天性。在这方面,她们的确比男人强得多。他了解十三姨这种女人,却不了解欧阳情。

"有句话我本不该问的。"陆小凤迟疑着道,"可是我又不能不问!"

"你可以问。"

陆小凤道:"你是欧阳情的好朋友,好朋友之间就不会有什么秘密,何况……"

十三姨替他说了下去:"何况我们是女人,女人之间更没有秘密。"

陆小凤又勉强笑了笑,道:"所以她的私事,你很可能知道得不少!"

十三姨道:"你究竟想问什么?"

陆小凤终于鼓足勇气,道:"我听公孙大娘说,她还是个处女,她究竟是不是?"

十三姨想也不想,立刻道:"她是的。"

陆小凤道:"她做的是那种事,怎么会还是个处女?"

十三姨冷笑道:"做那种事的,也有好女人,她不但是个好女人,而且还是很特殊的一个!"

陆小凤只有又用酥油泡螺塞住自己的嘴。现在他当然已看出，十三姨以前一定也是做这种事的。所以她们才是好朋友。

一碟酥油泡螺，已经被陆小凤吃光了，只要留下一个，他好像就会觉得很对不起自己的良心。

十三姨看着他吃完，忽然问道："你为什么会对这件事关心？她是不是处女，难道跟别人也有什么关系？"

陆小凤点了点头，迟疑着道："四五个月以前，有一天我在路上遇见了老实和尚，他说他头一天晚上是跟欧阳……"这句话他却没有说完。他忽然倒了下去，人事不知。

十三姨居然就这么样冷冷地看着他倒下去，脸上居然露出一丝恶毒的微笑。

陆小凤实在还不了解女人，更不了解十三姨这种女人。他只不过自己觉得自己很了解而已。

一个男人若是自己觉得自己很了解女人，无论他是谁，都一定会倒霉的，就连陆小凤也一样。

02

奇怪的是，有些人好像天生就幸运，就算倒霉也倒不了多久。陆小凤显然就是这个人。他居然没有死。醒来的时候，就发现自己非但四肢俱全，五官无恙，而且还躺在一张很舒服、很干净的床上。

屋子也很干净，充满了菊花和桂子的香气。桌上已燃起了灯，窗外月光如水。

有个人静静地站在窗前，面对着窗外的秋月，一身白衣如雪。

"西门吹雪！"踏破铁鞋都找不到的西门吹雪，怎么会忽然在这里出现？

陆小凤跳了起来。他居然还能跳起来，只不过两条腿还有点软软的，力气还没有完全恢复。

"好小子，你是从哪里蹿出来的？"陆小凤赤着脚站在地上大叫，"这些天来，你究竟躲到哪里去了？"

西门吹雪冷冷道："一个人对自己的救命恩人，不该这么样说话的！"

"救命恩人？"陆小凤又在叫，"你是我的救命恩人？"

"若不是我，你的人只怕也跟李燕北一样，被烧成了灰！"

陆小凤失声道："李燕北已死了？"

西门吹雪道："他的运气不如你，你好像天生就是个运气特别好的人。"

他终于回过头，凝视着陆小凤。他的脸色还是苍白而冷漠的，声音也还是那么冷，可是，他的眼睛里，却已有了种温暖之意，一种只有在久别重逢的朋友眼睛里，才能找到的温暖。

陆小凤也在凝视着他："最近你的运气看来也不坏。"

西门吹雪道："运气真正坏的，好像只有李燕北。"

陆小凤道："你知道他是怎么死的？"

西门吹雪点点头，道："但我却不知道你是从几时开始，会信任那种女人的！"

陆小凤道："哪种女人？"他又躺了下去，因为他忽然又觉得胃里很不舒服，"像欧阳情那种女人？"

西门吹雪道："不是欧阳情。"

陆小凤道："不是她？是十三姨？"

西门吹雪道:"酥油泡螺虽然是欧阳情做的,但下毒的却是十三姨!"

他看着陆小凤,目中仿佛露出笑意:"这消息是不是可以让你觉得舒服些?"

陆小凤的确已觉得舒服了很多,但他却又不禁觉得奇怪:"你是从几时开始了解男女间这种感情的?"

西门吹雪没有回答这句话,却又转过身,去看窗外的月色。

月色温柔如水,现在已是九月十四日的晚上了。

陆小凤沉思着,道:"我一定已睡了很久!"

西门吹雪道:"十三姨是个对迷药很内行的女人,她在那酥油泡螺里下的药并不重!"

陆小凤道:"她知道下得若重了,我就会发觉。"

西门吹雪道:"她也知道你一定会将那碟酥油泡螺全吃下去。"

陆小凤苦笑。对男女之间的感情,十三姨了解得当然更多。

"可是你怎会知道这些事的?"陆小凤问道,"怎么会恰巧去救了我?"

西门吹雪道:"你倒下去的时候,我就在窗外看着。"

陆小凤道:"你就看着我倒下去?"

西门吹雪道:"我并不知道你会倒下去,也不知道那些酥油泡螺里有毒!"

陆小凤道:"你本就是去找我的?"

西门吹雪道:"但我却不想让别人看见我,我本想等十三姨走了之后,再进去的,谁知你一倒下去,她就拔出了刀。"

陆小凤道:"李燕北也是死在那柄刀下的?"

西门吹雪点点头。

陆小凤道:"你问过她?她说了实话?"

西门吹雪冷冷道:"在我面前,很少有人敢不说实话。"

无论谁都知道,西门吹雪若说要杀人时绝不会是假话。他的手刚握住剑柄,十三姨就说了实话。

陆小凤叹息着,苦笑道:"我实在看不出她那样的女人,居然真的能下得了毒手!"

西门吹雪道:"你为什么不问我,她是为什么要下毒手的?"

陆小凤叹道:"我知道她是为了什么,我还记得她说过的一句话。"

西门吹雪道:"什么话?"

陆小凤道:"李燕北的女人,并不止她一个,她是个不甘寂寞的女人,这种日子她过不下去,却又没法子逃避,所以只有杀了李燕北。"他苦笑着又道,"她怕我追究李燕北的下落,所以才会对我下毒手。"

西门吹雪道:"你忘了一件事!"

陆小凤道:"什么事?"

西门吹雪道:"一张一百九十五万两的银票。"他冷笑着,又道,"若没有这张银票,她也不会下毒手,她也不敢!"

可是一个像她那样的女人,身上若是有了一百九十五万两银子,天下就没有什么地方是她不能去的,也没有什么事是她不敢做的了。

"她杀了你后,本就准备带着那张银票走的,她甚至连包袱都已打好。"

陆小凤苦笑道:"一个人有了一百九十五万两银子后,当然也不必带很大的包袱。"

西门吹雪道:"你为什么不问我,她的下落如何?"

陆小凤道:"我还要问?"遇见了这种人,西门吹雪的剑下是从来也没有活口的。

"你想错了。"西门吹雪淡淡道,"我并没有杀她。"

陆小凤吃惊地抬起头:"你没有杀她?为什么?"

西门吹雪没有回答，也不必回答。

陆小凤自己也已知道了答案："你这个人好像变了……而且变得不少！"他凝视着西门吹雪，目中带着笑意，"你是怎么会变的？要改变你这个人并不容易。"

"你却没有变。"西门吹雪冷冷道，"该问的话你不问，却偏偏要问不该问的！"

陆小凤笑了，他不能不承认："我的确有些事要问你。"

"你最好一件件地问。"

"欧阳情呢？"

"就在这里，而且有人陪着。"

"是孙姑娘？"

"不是。"西门吹雪眼睛里又露出那种温暖愉快的表情，"是西门夫人。"

陆小凤喜动颜色："恭喜，恭喜，恭喜……"他接连说了七八遍恭喜，他实在替西门吹雪高兴，也替孙秀青高兴。朋友们的幸福，永远就像是自己的幸福一样——陆小凤实在是个可爱的人。

西门吹雪也不禁笑了。他很少笑，可是他笑的时候，就像是春风吹过大地。

"你想不到我会成家？"

"我实在想不到。"陆小凤还在笑，"就连做梦也想不到。"但是他已想到，这一定就是西门吹雪为什么会改变的原因。

西门吹雪微笑道："你呢？你准备什么时候成家？"

陆小凤的笑容立刻笼上了一阵阴影——是薛冰的影子，也是欧阳情的影子。

他立刻改变话题："你怎么会到那里去找我的？"

"我知道你是李燕北的朋友，也知道他手下有几个亲信的人！"

"他们在你面前也不敢说谎？"

"绝不敢！"

"也不敢泄漏你的行踪？"

"是我去找他们的。"西门吹雪道，"没有人知道我住在这里。"

这正是陆小凤最想问的一件事："这里究竟是什么地方？"

西门吹雪道："你为什么不出去看看？"

穿过精雅的花园，前面竟是间糕饼店，四开间的门面，门上雕着极精致的花纹，金字招牌上写着三个斗大的字："合芳斋"。陆小凤看了两眼就回来，回来后还在笑。

"这是家字号很老的糕饼店，用的人却全是我以前的老家人。"西门吹雪面有得色，"你有没有想到我会做糕饼店的老板？"

"没有。"

"你有没有看过江湖中人卖糕饼的？"

"没有。"

西门吹雪微笑道："所以你们就算找遍九城，也找不到我的！"

陆小凤承认："就算打破我的头，我也找不到。"

西门吹雪道："你已知道我为何要这么样做？"

陆小凤笑道："我知道，所以我不但要喝你的喜酒，还要等着吃你的红蛋！"

西门吹雪的笑容中却也有了阴影，沉默了很久，才缓缓道："我去找你，只因为我有件事要你替我做。"他为什么要改变话题？难道他不敢想得太远？难道他生怕自己等不到吃红蛋的那一天？

陆小凤道："不管你要我做什么事，都只管说，我欠你的情。"

"我要你明天陪我到紫禁城去。"西门吹雪的双手都已握紧，"我若不幸败了，我要你把我的尸体带回来。"

陆小凤笑得已很勉强,道:"纵然败了,也并不一定非死不可的。"

西门吹雪道:"战败了,只有死!"他脸上的表情又变得冷酷而骄傲。

他可以接受死亡,却不能接受失败!陆小凤迟疑着,他本不愿在西门吹雪面前说出叶孤城的秘密,叶孤城也是他的朋友。可是他纵然不说,这事实也不会改变,西门吹雪迟早总会知道。

"你绝不会败!"他终于说了出来。

"为什么?"

"因为叶孤城的伤势很不轻。"

西门吹雪动容道:"但是我听说他昨天还在春华楼重创了唐天容。"

陆小凤叹道:"唐天容不是西门吹雪。"

西门吹雪道:"他受伤是真的?"

陆小凤道:"是的。"

西门吹雪脸色变了。听到自己唯一的对手已受重伤,若是换了别人,一定会觉得自己很幸运,一定会很开心。但西门吹雪不是别人!

他脸色非但变了,而且变得很惨:"若不是因为我,八月十五我们就已应该交过手,我说不定就已死在他剑下,可是现在……"

"现在他已非死不可?"

西门吹雪点了点头。

陆小凤道:"你不能不杀他?"

西门吹雪黯然道:"我不杀他,他也非死不可!"

陆小凤道:"可是……"

西门吹雪打断了他的话,道:"你也许还不了解我们这种人,我们可以死,却不能败!"

陆小凤终于忍不住长长叹息。他并不是不了解他们,他早已知道他们本是同一种人。

一种你也许会不喜欢,却不能不佩服的人!

一种已接近"神"的人。

无论是剑法,是棋琴,还是别的艺术,真正能达到绝顶巅峰的,一定是他们这种人。因为艺术这种事,本就是要一个人献出他自己全部生命的。

"可是你现在已变了!"陆小凤道,"我本来总认为你不是人,是一种半疯半痴的神,可是你现在却已有了人性。"

"也许我的确变了,所以叶孤城若没有受伤,我很可能不是他的对手。"西门吹雪表情更沉重,"可是现在他却已没有胜我的机会,这实在很不公平。"

陆小凤道:"那么你想……"

西门吹雪道:"我想去找他。"

陆小凤道:"找到他又怎么样?"

西门吹雪冷笑道:"难道你认为我只会杀人?"

陆小凤眼睛亮了,他忽然想起西门吹雪也曾被唐门的毒药暗器所伤。但西门吹雪到现在还活着。

"我带你去。"陆小凤又跳了起来,道,"这世上若有一个人能治好叶孤城的伤,这个人一定就是你!"

03

荒郊,冷月。月已圆。冷清清的月光,照着阴森森的院子,禅房里已燃起了灯。

"白云城主会住在这种地方?"

"他也跟你一样,不愿别人找到他!"

"你是怎么找到的?"

"这里的和尚俗家姓胜,叫胜通。"

"是他带你来的?"

"我也做过好事,也救过人的。"陆小凤微笑道,"你救了一个人后,永远也想不到他会在什么时候报答你。"这虽然并不是救人的最大乐趣,至少也是乐趣之一。

"叶兄,是我。"他开始敲门,"陆小凤。"

没有回应。叶孤城纵然睡了,也绝不会睡得这么沉的——难道屋里已没有人?

陆小凤皱起了眉,西门吹雪已破门而入。

屋子里有人,死人!一个被活活勒死的人!

死的并不是叶孤城。

"这人就是胜通。"

"是谁杀了他?为什么要杀他?"

"他的恩人想必不止我一个。"陆小凤苦笑道,"他带了别人来,叶孤城却已走了,那人以为是他走漏了风声,就杀了他泄愤!"这解释不但合理,而且已几乎可以算是唯一的解释。

陆小凤又叹了口气,道:"这已经是我看见的,第二个被勒死的人了!"

西门吹雪道:"第一个是谁?"

陆小凤道:"公孙大娘。"

西门吹雪道:"他们是死在同一个人的手里的?"

陆小凤道:"很可能。"勒死胜通的,虽不是红绸带,可是用的手法却很相像。

西门吹雪道："公孙大娘又和这件事有什么关系？"

陆小凤苦笑道："应该有的，但我却还没有想出来，我还没有找到那根线！"

西门吹雪道："什么线？"

陆小凤道："一根能将这些事串起来的线。"

西门吹雪道："你知道的有些什么事？"

陆小凤道："叶孤城负伤，只因为有人暗算了他，否则唐天仪根本无法出手。"

西门吹雪道："是谁暗算了他？"

陆小凤道："是个会吹竹弄蛇的人。"

西门吹雪道："欧阳情中的毒，也是蛇毒。"

陆小凤道："这人不但伤了叶孤城和欧阳情，害死了孙老爷，勒死胜通和公孙大娘的也是他！"

西门吹雪道："你能确定？"

陆小凤点点头，道："因为我已确定勒死公孙大娘的，就是这个吹竹弄蛇的人，他本想转移我的目标，嫁祸给公孙大娘。"

西门吹雪道："你说的这五个人之间，好像完全没有关系。"

陆小凤道："所以我才想不通，这个人为什么要对他们下毒手！"

西门吹雪道："你有没有找到可疑的人？"

陆小凤道："可疑的人只有一个。"

西门吹雪道："谁？"

陆小凤道："老实和尚！"

老实和尚居然会暗算别人？这种事有谁会相信？

陆小凤道："我也知道没有人会相信我的话，可是他的确最可疑！"

西门吹雪道:"你几时开始怀疑他的?"

陆小凤道:"从一句话开始的。"

西门吹雪道:"一句什么话?"

陆小凤道:"欧阳情是处女。"

西门吹雪道:"欧阳情是不是处女,跟老实和尚有什么关系?"

陆小凤道:"有。"

西门吹雪不懂,这其间的关系,本就没有人会懂的。

陆小凤道:"我为了丹凤公主那件事,去找孙老爷,那天孙老爷恰巧在欧阳情的妓院里,我在路上又恰巧遇见了老实和尚。"

西门吹雪还是听不出头绪。

陆小凤道:"我就问他,从哪里来?到哪里去?"

西门吹雪道:"他说什么?"

陆小凤道:"他说他是从欧阳情的床上来的!"

西门吹雪道:"但欧阳情却是处女。"

陆小凤道:"由此可见,老实和尚说的也并不完全是老实话。"

西门吹雪道:"这并不证明他杀了人!"

陆小凤道:"每个人说谎都有理由,他说谎是为了什么?"

西门吹雪道:"你认为那天晚上,他一定做了件见不得人的事,你问起他时,他只有随口编了个谎话来推托。"

陆小凤道:"那时他当然想不到我会认得欧阳情!"

西门吹雪道:"他为什么不说别人,偏偏要说欧阳情?"

陆小凤道:"因为欧阳情本是他一路的人!"

西门吹雪又不懂了。

陆小凤道:"我破了青衣楼之后,才发现江湖中还有个叫'红鞋子'的秘密组织,而且,青衣楼好像还要受她们的控制。"

西门吹雪道:"控制她们的,也是个秘密组织?"

陆小凤点点头，道："青衣楼全是男人，红鞋子全是女人；这个秘密组织中，却很可能全都是出家人，很可能就叫作白袜子！"

西门吹雪道："你认为这个组织的首脑就是老实和尚？"

陆小凤又点点头，道："我一向很少看见他，可是我在破青衣楼时，他却忽然出现了，我去找红鞋子，他又出现了，世上绝没有这么巧的事。"

西门吹雪道："但是他并没有阻止你去破青衣楼，也没有阻止你去找红鞋子！"

陆小凤道："因为他知道那时我已有了把握，他就算阻止，也阻止不了的。"

西门吹雪也承认，无论谁要阻止陆小凤的行动，都很不容易。

陆小凤冷笑着，又道："出家人穿的都是白袜子，他说他穿的是肉袜子，我说肉袜子也是白的，他说他的肉不白。"

西门吹雪道："他的肉本就不白！"

陆小凤笑道："白袜子上若是沾了泥，还是不是白袜子？"

"是。"西门吹雪也只有承认，"所以你认为他杀了公孙大娘和欧阳情，就是为了灭口？"

陆小凤道："因为我不但已认得她们，而且成为她们的朋友，他生怕她们会泄露了他的秘密。"

西门吹雪道："那天晚上，孙老爷也在欧阳情的妓院。"

陆小凤道："而且孙老爷知道的事太多。"

——一个人知道的秘密太多，长寿的希望就太少了。

西门吹雪沉思着，道："不管怎样，这也只不过是你的推测而已，你并没有证据。"

陆小凤道："我的推测一向很少错的！"

西门吹雪道："所以你已找出一条线，将孙老爷、欧阳情、公孙大娘这三个人的死串起来了？"

陆小凤道："不错。"

西门吹雪道："那么叶孤城呢？老实和尚为什么要暗算叶孤城？"

陆小凤道："因为他想乘此机会，将他的势力扩展到京城。"西门吹雪又不懂了。

陆小凤道："他知道李燕北和杜桐轩都在你们身上下了很重的赌注，因为这两人也想乘此机会，把对方的地盘夺过来。"

西门吹雪道："李燕北赌的是我胜？"

陆小凤道："所以他就设法把李燕北的赌注买下了。"

西门吹雪道："用那张银票买的？"

陆小凤点点头，道："出面的也是个出家人，叫顾青枫。"

西门吹雪道："现在他认为叶孤城已必败无疑，杜桐轩也已有输无赢。"

陆小凤道："所以他一下子就已将京城的两大势力全都消灭了，而且不费吹灰之力。"

西门吹雪叹了口气，道："这么复杂巧妙的计划，世上只怕也只有你们两个人想得出来。"

陆小凤道："这计划不是我想出来的，是他！"

西门吹雪冷冷道："但这些推测却全都是你想出来的，你岂非比他更高？"

陆小凤道："你认为我的推测并不完全对？"

西门吹雪道："我并没有这样说。"

陆小凤苦笑道："但你却一定是在这么想，我看得出。"他忽然也叹了口气，道，"而且我自己也在这么样想！"

西门吹雪道："你自己也觉得这些推测并不完全合理？"

陆小凤苦笑道："所以我才会说，我还没有找出那条线来！"

西门吹雪道:"现在你岂非已经找出一条线?"

陆小凤道:"这条线还不够好。"

他们当然不是站在那禅房中说话的。没有人愿意在一间破旧阴森,还有个死人的屋子里停留这么久。郊外的冷风,却能使人的头脑清楚,思想敏锐。他们在九月的星空下,沿着一条小径慢慢地往前走,秋风吹动着路旁的黄草,大地凄凉而寂静。他们已走了很远。

"这条线还不能把所有的事完全串起来。"陆小凤又道,"还有个人也死得很奇怪。"

"谁?"

"张英风。"

西门吹雪知道这个人。"三英四秀"本是同门,严人英的师兄,也就是孙秀青的师兄。孙秀青现在已经是西门夫人,张英风的事,西门吹雪不能不关心。

"他已死了?"

"昨天死的。"陆小凤又重复了一遍,"死得很奇怪。"

"是谁杀了他?"

"本来应该是你。"

"应该是我?"西门吹雪皱了皱眉,"我应该杀他?"

陆小凤点点头,道:"因为他这次到京城来,为的本来是想找你报仇!"

西门吹雪冷冷道:"所以我有理由杀他。"

陆小凤道:"他致命的伤口是在咽喉上,只有一点血迹。"

西门吹雪当然明白这是什么意思。只有一种极锋利、极可怕、极快的剑,才能造成这种伤势,而且一剑致命,除了西门吹雪外,谁有这么快的剑?

陆小凤叹了口气,道:"只可惜我现在已知道杀他的人并不是你！"

"现在你已知道是谁？"

"有两个人的嫌疑最大。"陆小凤道，"一个太监，一个麻子。"

"能死在这两个人手里，倒也很难得。"西门吹雪并不是没有幽默感的人。

"只可惜张英风也不是死在他们手里的。"陆小凤又在苦笑，"第一，我还想不出他们有什么理由要杀张英风；第二，他们根本不是张英风的对手。"

"所以你认为应该是凶手的，却不是凶手！"

"所以我头疼。"

"凶手究竟是谁？"

"我现在也想找出来。"陆小凤道，"我总认为张英风的死，跟这件事也有关系！"

"为什么？"

"因为太监也可以算是出家人，他们穿的也是白袜子。"

西门吹雪沉吟着，忽然问道："为张英风收尸的是严人英？"

陆小凤道："不错。"

西门吹雪道："严人英在哪里？"

陆小凤道："你想找他？"

西门吹雪道："我想看看张英风咽喉上那致命的伤口，我也许能看出那是谁的剑！"

陆小凤道："我已经看过了，看得很仔细。"

西门吹雪冷冷道："我知道你的武功很不错，眼力也很不错，可是对于剑，你知道的并不比一个老太婆多很多。"

陆小凤只有苦笑。他不能争辩，没有人能在西门吹雪面前争辩有关剑的问题。

"你一定要去，我就带你去。"他苦笑着道，"只不过你最好小心些。"

"为什么？"

"严人英已找了人来对付你，其中有两个密宗喇嘛，还有两个据说是边疆圣母之水峰上一个神秘剑派中的高手。"

西门吹雪冷冷道："只要是用剑的人，遇见我就应该小心些。"

陆小凤笑了："所以应该小心的是他们，不是你。"

西门吹雪道："绝不是。"

陆小凤道："还有那两个喇嘛呢？"

西门吹雪道："喇嘛归你。"

和尚道士的问题，已经够陆小凤头疼的了，现在喇嘛居然也归了他。

陆小凤喃喃道："有的人求名，有的人求利，我找的是什么呢？"

西门吹雪道："麻烦。"

陆小凤道："一点也不错，我找来找去，找的全都是麻烦。"

西门吹雪道："现在你准备到哪里去找？"

陆小凤道："全福客栈。"

全福客栈在鼓楼东大街，据说是京城里字号最老、气派最大的一家客栈。他们到的时候，夜已深了，严人英他们却不在。

"严公子要去葬他的师兄。"店里的伙计道，"跟那两位喇嘛大师一起走的，刚走还没多久！"

"到什么地方去了？"

"天蚕坛。"

04

天蚕坛在安定门外。天子重万民,万民以农桑为本,故天子祭先农于南郊,皇后祭先蚕于北郊。

"他们为什么要将张英风葬在天蚕坛?"

"因为这个天蚕坛已被废置,已成了喇嘛们的火葬处。"

"火葬?"

"边外的牧民,死后尸体都由喇嘛火葬,入关后习俗仍未改。"陆小凤道,"甚至连火葬时用的草,都是特地由关外用骆驼运来的。"

"这种草很特别?"

"的确很特别,不但特别软,而且干了后还是绿的。"

"这种草又有什么用?"

"用来垫在箱子里!"

"什么箱子?"

"装死人的箱子。"陆小凤道,"死人火葬前,先要装在箱子里。"

"为什么?"

"因为喇嘛要钱,没有钱的就得等着。"陆小凤道,"我曾经去看过一次,大殿里几乎摆满了这种两尺宽、三尺高的箱子。"

西门吹雪道:"箱子只有两尺宽、三尺高?"

陆小凤点点头,脸上的表情看来就像是要呕吐:"所以死人既不能站着,也不能躺着,只有蹲在箱子里。"

西门吹雪也不禁皱起了眉。

陆小凤又道:"大殿里不但有很多这种箱子,还挂满了黄布袋。"

"布袋里装的是什么？"

"死人骨灰。"陆小凤道，"他们每年将骨灰运回去一次，还没有运走之前，就挂在大殿里。"

"我们绝不能让他们将张英风装进布袋。"

"所以要去就得赶快去。"

第七章

天蚕坛之夜

01

夜更深。大殿里灯光阴暗,这大殿的本身看来就像是座坟墓。九月的晚风本来是清凉的,但是在这里,却充满了一种无法形容的恶臭。

那太监窝里的气味,已经臭得令人作呕,这地方却是另外一种臭,臭得诡异,臭得可怕。因为这是腐尸的臭气。有的箱子上还有血,暗赤色的血,正慢慢地从木板缝里流出来。

突然间,"啵"的一响,木板裂开。箱子里竟似有人在挣扎着,想冲出来——难道里面的死人又复活?连西门吹雪都不禁觉得背脊在发冷。

陆小凤拍了拍他的肩,勉强笑道:"你放心,死人不会复活的。"

西门吹雪冷笑。

陆小凤道:"可是死人会腐烂,腐烂后就会发胀,就会把箱子胀破!"

西门吹雪冷冷道:"并没有人要你解释。"

陆小凤道:"我是唯恐你害怕。"

西门吹雪道:"我只怕一种人!"

陆小凤道:"哪种人?"

西门吹雪道："啰唆的人。"

陆小凤笑了，当然并不是很愉快的那种笑。无论谁到了这里来，都不会觉得愉快。

"奇怪，那些人为什么连一个都不在这里？"陆小凤又在喃喃自语，还不停地在木箱间走动。

他宁愿被人说啰唆，也不愿闭着嘴。一个人到了这种地方，若还要闭着嘴不动，用不了多久，就可能会发疯。说话不但能使他的神经松弛，也能让他暂时忘记这种可怕的臭气。

"他们说不定正在后面焚化张英风的尸体，这里唯一的炉子就在大殿后面。"

"唯一的炉子？"

"这里只有一个炉子，而且还没有烟囱。"

"你知道的事还真不少。"

"可惜有件事他却不知道。"大殿后忽然有人在冷笑，"那炉子可以同时烧四个人，把你们四个人都烧成飞灰。"怪异的声音，怪异的人！

喇嘛并非全都是怪异的，这两个喇嘛却不但怪异，而且丑陋。没有人能形容他们的脸，看来那就像是两个恶鬼的面具。用青铜烤成的面具。

他们身上穿着黄色的袈裟，却只穿了一半，露出了左肩，左臂上戴着九枚青铜环，耳朵上居然也戴着一个。他们用的兵器也是青铜环，除了握手的地方外，四面都有尖锋。无论谁在这种地方忽然看见这么样两个人，都会被吓出一身冷汗。陆小凤却笑了。

"原来喇嘛不会数数。"他微笑着道，"我们只有两个人，不是四个。"

"前面两个，后面还有两个。"一个喇嘛咧开嘴狞笑，露出了一嘴白森森的牙齿，另一个的脸，却像是死人的脸。

"后面还有两个是谁？"陆小凤不懂。

喇嘛狞笑道："是两个在等着你们一起上西天的人。"

陆小凤又笑了："我不想上西天，上面没有我的朋友。"

不笑的喇嘛冷冷道："杀！"铜环一震，两个喇嘛已准备扑上来。

西门吹雪冷冷道："两个都是喇嘛。"

陆小凤道："只有两个。"

西门吹雪道："喇嘛归你。"

陆小凤道："你呢？"

西门吹雪冷笑了一声，突然拔剑。剑光一闪，向旁边的一个木箱刺过去。

没有人能想得到他为什么要刺这个木箱子。他的剑本不是杀死人的。

就在这同一瞬间，"啵"的一声轻响，另一个木箱突然裂开，一柄剑毒蛇般刺了出来，直刺陆小凤的"鼠蹊穴"。这一剑来得太快、太阴，而且完全出人意外。

死人也能杀人？陆小凤就是陆小凤，他突然出手，伸出两根手指一夹，已夹住了剑锋！

无论这木箱中是人也好，是鬼也好，他这两指一夹，无论人鬼神魔的剑，都要被他夹住。

这本是绝世无双的神技，从来也不会落空。也就在这同一瞬间，"嗤"的一响，西门吹雪的剑已刺入木箱。木箱里突然发出一声惨呼，木板飞裂，一个人直蹿了出来。

一个漆黑枯瘦的人，手里挥着柄漆黑的剑，满脸都是鲜血。血是红的。

陆小凤叹了口气，道："原来他们也是四个人！"

西门吹雪冷冷道:"四个人,七只眼睛。"

从木箱中蹿出来的黑衣人,左眼竟已被剑尖挑了出来。他疯狂般挥舞着他的黑蛇剑,闪电般刺出了九剑,剑法怪异而奇诡。可惜他用的是剑。可惜他遇见的是西门吹雪!

西门吹雪冷冷道:"我本不愿杀人的。"

他的剑光又一闪。只一闪!黑衣人的惨呼突然停顿,整个人突然僵硬,就像是个木偶般地站在那里。鲜血还在不停地流,他的人却已忽然倒下,又像是口忽然被倒空了的麻袋。

陆小凤捏着剑尖,看着面前的木箱。箱子里居然毫无动静。

陆小凤忽然道:"这里面的一定不是喇嘛。"

西门吹雪道:"嗯。"

陆小凤道:"我替你捏住了一把剑,你也替我捏一个喇嘛如何?"

西门吹雪道:"行。"他的人突然飞鹰般掠起,剑光如惊虹掣电向那个狞笑着的喇嘛刺了过去。他不喜欢这喇嘛笑的样子。

喇嘛双环一振,回旋击出,招式也是怪异而奇诡的。双环本就是种怪异的外门兵刃,无论什么样的刀剑只要被套住,纵然不折断,也要被夺走。

剑光闪动间,居然刺入了这双铜环里,就像是飞蛾自己投入了火焰。喇嘛狞笑,双环一绞。他想绞断西门吹雪的这口剑!

"断!"这个字的声音并没有发出来,因为他正想开声叱咤时,忽然发现剑锋已到了他的咽喉。

冰冷的剑锋!他甚至可以感觉到这种冰冷的感觉,正慢慢地进入他的咽喉。

然后他就什么感觉都没有了,也不再笑了。西门吹雪不喜欢他笑的样子。

不笑的喇嘛虽然已脸无人色,还是咬着牙要扑过来。

西门吹雪却指了指陆小凤,道:"你是他的。"

他慢慢地抬起手,轻轻地吹落了剑锋上的一滴血,连看都不再看这喇嘛一眼。喇嘛怔了怔,看着这滴血落下来,终于跺了跺脚,转身扑向陆小凤。

陆小凤一只手捏着从木箱里刺出来的剑,苦笑道:"这人倒真是不肯吃亏……"

"叮"的一声响,打断了他的话。喇嘛左臂上戴着的九枚铜环,忽然全都呼啸着飞了过来,盘旋飞舞,来得又急又快,他的人也去得很快。

铜环脱手,他的人已倒蹿而出,撞破了窗户,逃得不见影踪。

西门吹雪剑已入鞘,背负着双手,冷冷地看着。这件事就好像已跟他全无关系。

又是"叮,叮,叮"一连串急响,如珠落玉盘,陆小凤手指轻弹,九枚铜环已全部被击落。

这种飞环本是极厉害的暗器,可是到了他面前,却似变成了孩子的玩具。

西门吹雪忽然道:"你这根手指卖不卖?"

陆小凤道:"那就看你用什么来买?"

西门吹雪道:"有时我甚至想用我的手指换。"

陆小凤笑了笑,悠然道:"我知道你的剑法很不错,出手也很快,可是你的手指,却最多也只不过能换我一根脚趾而已。"

箱子里居然还是全无动静。这柄剑绝不会是自己刺出来的,人呢?

陆小凤敲了敲箱子:"难道你想一辈子躲在里面不出来?"

没有人响应。

"你再不出来,我就要拆你的屋子了。"

还是没有回应。

陆小凤叹了口气,道:"这人只怕还不知道我说出来的话,就一定能做得到的。"

他举手一拍,箱子就裂开。人还在箱子里,动也不动地蹲在箱子里,鼻涕、眼泪、口水,已全都流了出来,还带着一身臭气,竟已活活地被吓死。

陆小凤怔住。圣母之水峰,神秘剑派,这些名堂听起来倒蛮吓人的,想不到自己却禁不起吓。

西门吹雪忽然道:"这人并不是圣母之水峰上来的。"

陆小凤道:"你怎么知道?"

西门吹雪道:"我认得他们的剑法。"

陆小凤道:"什么剑法?"

西门吹雪道:"海南剑派的龙卷风。"

陆小凤道:"他们是海南剑派的弟子?"

西门吹雪道:"一定是。"

陆小凤道:"他们为什么要冒充圣母之水峰的剑客?"

西门吹雪道:"你本该问他自己的。"

陆小凤叹道:"只可惜这个人现在好像已说不出话来了。"

西门吹雪道:"莫忘记后面还有两个人。"

后面的两个人究竟是什么?是一个死人,一个活人!

02

死人当然已不能动,活人居然也动不了。死人是张英风,活人竟是严人英。这心高气傲的少年,此刻也像是死人般躺在炉子旁边,好像也在等着被焚化。

陆小凤扶起了他,看出他并没有死,只不过被人点住了穴道。

西门吹雪一挥手，就替他解开了，冷冷地看着他。

他也看见了西门吹雪苍白冷酷的脸，挣扎着想站起来："你是谁？"

"西门吹雪。"

严人英的脸一阵扭曲，又倒下，长长叹了口气，道："你杀了我吧！"

西门吹雪冷笑。

严人英咬着牙，道："你为什么不杀我，反而救了我？"

陆小凤也叹了口气，道："因为他本就不想杀你，是你想杀他！"

严人英垂下了头，看样子就好像比死还难受。

西门吹雪忽然道："点穴的手法，用的也是海南手法。"

陆小凤皱眉道："他们本是他请来的帮手，为什么反而出手对付他？"

西门吹雪冷冷道："这句话你也应该问他自己的！"

陆小凤还没有问，严人英已说了出来。

"他们不是我请来的。"他咬着牙道，"是他们自己找上了我。"

"他们自告奋勇，要帮你复仇？"

严人英点点头："他们自己说他们全都是先师的故友。"

陆小凤道："你就相信了？"

严人英又垂下了头。他实在还太年轻，江湖中的诡谲，他根本还不懂。

陆小凤只有苦笑："你知不知道他们为什么要杀你？"

严人英迟疑着，道："他们一到这里，就出手暗算我，我好像听到他们说了句话。"

"什么话？"

"不是我们要杀你,是那三个蜡像害死了你。"这就是他们在严人英倒下去时说的话!

"什么蜡像?"

严人英道:"是我大师兄捏的蜡像。"

"我们同门七个人,他是最聪明的一个,而且还有双巧手。"他又解释着道,"他看着你的脸,手藏在衣袖里,很快就能把你的像捏出来,而且跟你的人完全一模一样。"

"莫非他本是京城'泥人张'家里的人?"

"京城本是他的老家。"严人英道,"地面上的人他都很熟。"

所以他才会认得麻六哥。

"他跟我分手的时候,身上并没有蜡像的,可是我装殓他尸身时,却有三个蜡像从他怀里掉了出来。"

"现在这三个蜡像呢?"陆小凤立刻追问。

"就在我身上。"严人英道,"可是他捏的这三个人我却全不认得。"

陆小凤却认得,至少可以认出其中两个,他几乎一眼就看出来:"这是王总管和麻六哥。"

张英风的确有一双巧手,只可惜第三个蜡像已被压扁了。

陆小凤道:"这三个蜡像,一定是他在临死前捏的,因为他已知道这三个人要杀他。"

西门吹雪道:"你认为这三个人就是杀他的真凶?"

陆小凤道:"一定是。"

西门吹雪道:"他临死前,还想他师弟替他报仇,所以就捏出了凶手的真面目。"

陆小凤道:"不错。"

西门吹雪道:"可是在那种生死关头,他到哪里去找蜡来捏像?"

"他用不着找。"严人英答复了这问题,"他身上总是带着一大团蜡的,没事的时候,就拿在手里捏着玩。"

陆小凤道:"看来他这双巧手并不是天生的,而是练出来的。"

其实那不但要苦练,还得要有一种别人无法了解的狂热与爱好。无论什么事都一样,你要求的若是完美,就得先对它有一种狂热的爱好。就像西门吹雪对剑的热爱一样。

西门吹雪脸上也不禁露出种被感动的表情,因为他了解。对这种感情,没有人比他了解得更清楚的了。他少年时,甚至在洗澡、睡觉的时候,手里都在抱着他的剑。

陆小凤道:"张英风要麻六哥带他去那太监窝,本是为了去找你的!"

西门吹雪道:"但是他却在无意间撞破了王总管和麻六哥的秘密!"

陆小凤道:"所以他们要杀了他灭口。"

西门吹雪道:"王总管和麻六哥虽无能,第三个人却是高手。"

陆小凤道:"他自己也知道自己绝不是这人的敌手,自知必死无疑,所以他就把他们的像偷偷捏了出来,好让人替他报仇!"因为他已断定别人绝不会想到这三个人会是凶手。由此可见,这三个人在商议着的秘密,一定是个很惊人的秘密。

陆小凤道:"那里房屋狭窄,人又特别多,他们找不到可以藏尸之处,在仓促间又没法子毁尸灭迹。"

西门吹雪道:"所以他们就将尸身驮在马背上运出来。"

陆小凤道:"他们本来是想嫁祸给你的,让你来跟峨眉派的人火并,这本是个一石二鸟之计。"

现在真相虽已大白,可是最重要的一件事,他们却还是不知道——第三个蜡像已被压扁了。

这"第三个人"是谁？他到那太监窝去找王总管，要商议的究竟是什么秘密？这秘密是不是也跟明天晚上那一战有关系？

西门吹雪凝视着这个被压扁了的蜡像，道："无论如何，这人绝不是老实和尚！"

这人有头发。张英风非但能捏出一个人的容貌，甚至连这人的发髻都捏了出来。

"这人好像很胖。"

"并不胖，他的脸被压扁了，所以才显得胖。"

"他有胡子，却不太长。"

"看来年纪也不太大。"

"他的脸色好像发青。"

"这不是他本来的脸色，是蜡的颜色。"

陆小凤叹了口气，苦笑着道："看来我们现在只知道他是个有胡子的中年人，既不太胖，也不太瘦。"这种人京城里也不知有几千几万个，却叫他到哪里去找？

炉子里火已燃起。喇嘛们想必已准备将严人英和张英风一起焚化。

"他们显然也是王总管派出来的，为的就是准备要将严人英杀了灭口，想不到我们也赶来了。"

"也许不是王总管派出来的，那'第三个人'才是真正的主谋。"

"不管怎么样，喇嘛也是出家人，穿的也是白袜子。"

"海南派中的道士也很多。"

火光闪动，照着张英风的脸，也照着他咽喉上那个致命的伤口。

"你看得出这是谁的剑？"

"我看不出。"西门吹雪道,"只不过,世上能使出这种剑法杀人的,并不止我一个!"

"除了你之外,还有几个?"

"也不多,活着的绝不会超出五个。"

"哪五个?"

"叶孤城、木道人,还有两三个我说出名字来你也不知道的剑客,其中有一个就是隐居在圣母之水峰上的。"

"你知道那个人?"

西门吹雪冷笑,道:"我就算不知道他的人,至少也知道他的剑。"

陆小凤道:"潇湘剑客魏子云呢?"

西门吹雪摇摇头,道:"他的剑法沉稳有余,锋锐不足,殷羡更不足论。"

陆小凤沉吟着,道:"说不定还有些人剑法虽高,平时却不用剑的!"

西门吹雪道:"这种可能虽不大,却也并不是完全没有可能。"

陆小凤道:"老实和尚若是用剑,就一定是高手,我一向总认为他的武功是深藏不露,深不可测的。"

西门吹雪道:"老实和尚没有头发,也没有胡子。"

陆小凤笑了笑,道:"连人都有假的,何况头发胡子?"他好像已认定了老实和尚。

严人英一直站在旁边发怔,忽然走过来,向西门吹雪当头一揖。

西门吹雪冷冷道:"你不必谢我,救你的人不是我,是陆小凤。"

严人英道:"我并不是谢你,救命之恩,也无法谢。"他脸上带着种很奇怪的表情,在闪动的火光中看来,也不知是想笑?还是想哭?

"我这一揖,是要你带回去给我师妹的。"

"为的是什么?"

"因为我一直误解了她,一直看不起她,觉得她不该和师门的仇人在一起。"严人英迟疑着,终于鼓足勇气说出来,"可是我现在已懂得,仇恨并不是我以前想象中那么重要的事……"

——仇恨也并不是非报不可的,世上有很多种情感,都远比仇恨更强烈、更高贵。这些话他并没有说出来,他说不出。可是他心里已了解,因为现在他心里的仇恨,就已远不如感激强烈。

他忽然抱起他师兄的尸体,迈开大步走了,远方虽仍是一片黑暗,光明却已在望。

陆小凤目送他远去,叹息着道:"他毕竟是个年轻人,我每次看到这种年轻人时,总会觉得这世界还是蛮不错的,能活着也不错。"

生命本就是可爱的。人生本就充满了希望。西门吹雪的眼睛里,又露出那种温暖之意。这并不是因为火光在他眼睛里闪动,而是因为他心里的冰雪已融化。

陆小凤看着他,忽然拍了拍他的肩,道:"今天你总算已救了一个人,救人的滋味怎么样?"

西门吹雪道:"比杀人好!"

03

"第三个人"的蜡像,在火光下看来却还是怪异而丑陋。无论谁的脸若被压扁,都不会好看。

"现在麻六哥也已被杀了灭口,知道他是谁的,已只有一个人!"

"王总管?"

"嗯。"

"你想去找他？"

"不想。"陆小凤叹了口气，"现在他很可能已回到深宫里，我就算找，也一定找不到。"

"就算能找到，他也绝不会说出这秘密。"

陆小凤凝视着手里的蜡像，眼睛忽然发出了光："我还有个法子可以知道这个人是谁。"

西门吹雪道："什么法子？"

陆小凤道："我可以去找泥人张，他一定有法子能将这蜡像恢复原状。"

西门吹雪看着他，目中又有了笑意："你实在是个聪明人。"

陆小凤笑道："我本来就不笨。"

西门吹雪道："现在你就去找？"

陆小凤摇摇头，目光也变得很温暖："现在我只想去看一个人。"

他并没有说出这个人的名字，西门吹雪却已知道他要说的是谁了。

星光渐稀，漫漫的长夜终于过去。光明已在望。

第八章

奇异老人

01

九月十五,凌晨。陆小凤从合芳斋的后院角门走出来,转出巷子,沿着晨雾迷漫的街道,大步前行。

他虽然又是一个晚上没有睡了,但却并不疲倦,洗过一个冷水澡后,他更觉得自己精神健旺,全身都充满了斗志。

他已下了决心,一定要将这阴谋揭破,一定要找出那个在幕后主谋的人。蜡像还在他怀里,他发誓要将这个人的脸,也像蜡像般压扁。

"泥人张就住在樱桃斜街后面的金鱼胡同里,黑漆的门,上面还有招牌,很容易找。"

现在他已见过了欧阳情。欧阳情虽然没有开口说话,可是,脸色已变得好看多了,显然已脱离险境——西门吹雪不但有杀人的快剑,也有救人的良药。

"救人好像真的比杀人愉快些。"陆小凤在微笑,他只希望杀人的人,以后能变成救人的人。

他已见过孙秀青。明朗爽快的孙秀青,现在也已变了,变得温柔而娴静。因为她也不再是纵横江湖的侠女,已是个快要做母亲的女人。

"你们忘了请我喝喜酒吧?"

陆小凤看到欧阳情温柔的眼波，心里也在问自己："我是不是真的也该有个家了？"

现在当然还太早。可是一个男人只要自己心里有了这种想法，实现的日子就也不会太远。

落叶归根，人也总是要成家的。何况他的确已流浪得太久，做一个无拘无束的浪子，虽然也有很多欢乐，可是欢乐后的空虚和寂寞，却是很少有人能忍受的。

也很少有人能了解，失眠的长夜，曲终人散时的惆怅，大醉醒来后的沮丧……那是什么滋味，也只有他们自己心里才知道。

泥人张已是个老人。他似已忘了自己还有张英风那么样一个不肖的子弟。

在老人们眼中看来，不肯安分地成家立业，反而要到外面去闯荡的年轻人，就是不学好。

陆小凤当然也没有提起张英风的死。老，本身就是一种悲哀，他又何必再让这个老人多添一分悲哀。

可是一提到他的本行，这驼背的老人立刻就好像已能挺起胸，眼睛里也发出骄傲的光。

"我当然能将这蜡像复原，不管它本来是什么样子，我都能让它变得和以前一模一样。"老人傲然道，"你到这里来，可真是找对了人。"

陆小凤的眼睛也亮了："要多少时候才能做好？"

"最多一个时辰。"老人很有把握，"你一个时辰后再来拿。"

"我能不能在这里等？"

"不能。"老人显露了他在这一行中的权威和尊严，"在我做活儿的时候，谁也不许在我旁边瞧着。"这是他的规矩。

在做这件事的时候，他说的话就是命令，因为他有陆小凤所没有的本事，所以陆小凤只好走。

何况，有一个时辰的空，岂非正好到前面街上的太和居去喝壶茶。

02

太和居是个很大的茶馆，天一亮就开门了，一开门就坐满了人。因为京城的茶馆子，并不像别的地方那么单纯，来的人也并不是纯粹为了喝茶。

尤其是早上，大多数人都是到这里来等差事做的。泥瓦匠、木厂子、搭棚铺、饭庄子、裁缝局、杠房、租喜轿的，各式各样的商家，头一天答应了一件买卖，第二天一早就得到茶馆来找工人，来晚了就怕找不到好手。

茶馆里看来虽是很杂乱，其实每一行都有每一行的地盘，棚匠绝不会跟泥瓦匠坐到一块儿去，因为坐错了地方，就没有差事。

这就叫作"坎子"，哪几张桌面，是哪一行的坎子，绝对错不了。陆小凤并不是第一次到京城来的，他也懂得这规矩，所以就在靠门边找了个座位，沏了壶"八百一包"的好茶。

在这里茶叶不是论斤论两卖的，一壶茶，一包茶叶，有两百一包的，有四百一包的，最好的就是八百一包的。八百就是八个大钱。

京城里的大爷讲究气派，八个大钱当然没有八百好听。

陆小凤刚喝了两口茶，准备叫伙计到外面去买几个"花麻儿"来吃的时候，已有两个人在他对面坐了下来。

在茶馆里跟别人搭座，并不是件怪事。可是这两个人的神情却很奇怪，眼神更奇怪，两个人四只眼睛全都瞬也不瞬地盯在他脸上。

两个人的衣着都很考究，眼神都很亮，两旁太阳穴隐隐凸起，显见都是高手。

年纪较长的一个，气势凌人，身上虽然没有带兵刃，可是一双手上青筋暴起，骨节峥嵘，显然有劈碑裂石的掌力。

年纪较轻的一个，服饰更华丽，眉宇间傲气逼人，气派竟似比年长的更大，一双发亮的眼睛里，竟布满了血丝，好像也是通宵没有睡，又好像充满了悲哀和愤怒。

他们盯着陆小凤，陆小凤却偏偏连看都不去看他们。

这两个人对望了一眼，年长的忽然从身上拿出了个木匣子，摆在桌上，然后才问："阁下就是陆小凤？"

陆小凤只好点了点头，嘴唇也动了动。

他嘴上多了这两撇眉毛一样的胡子，也不知多了多少麻烦。

"在下卜巨。"

"你好。"陆小凤道。

他脸上不动声色。就好像根本没听见过这名字，其实他当然听过的。

江湖中没有听过这名字的人，只怕还很少。"开天掌"卜巨，威震川湘，正是川湘一带三十六帮悍盗的总瓢把子，龙头老大。

卜巨眼角已在跳动，平时他眼角一跳，就要杀人，可是现在却只有忍着，沉住了气道："阁下不认得我？"

陆小凤道："不认得。"

卜巨冷笑道："这匣子里的东西，你想必总该认得的？"

他打开匣子，里面竟赫然摆着三块晶莹圆润、全无瑕疵的玉璧。

陆小凤是识货的人，他当然看得出这三块玉璧，每一块都是价值连城的宝物。

但他却还是摇了摇头,道:"这些东西我也没见过。"

卜巨冷冷道:"我也知道你没见过,能亲眼看见这种宝物的人并不多。"他忽然将匣子推到陆小凤面前,"可是现在我只要你答应一件事,这就是你的!"

陆小凤故意问道:"什么事?"

卜巨道:"这三块玉璧,换你的三条带子。"

陆小凤道:"什么带子?"

卜巨冷笑道:"真人面前不说假话,你决定是答应?还是不答应?"

陆小凤笑了。这两个人一坐下来,他就已想到他们是为了什么来的。

——"我已设法令人通知各地的江湖朋友,身上没有这种缎带的,最好莫要妄入禁城,否则一律格杀勿论。"听到魏子云说这句话的时候,他已知道会有这种麻烦来了。

卜巨已渐渐沉不住气了,又在厉声问:"你答不答应?"

陆小凤道:"不答应!"他的回答很简单,也很干脆。他并不是个怕麻烦的人。

卜巨霍然长身而起,一双手骨节山响,脸上已勃然变色。可是他并没有出手,因为那年轻人已拉住了他,另一只手却也拿了样东西出来,摆在桌上。

一枚毒蒺藜。唐家威慑天下,见血封喉的毒蒺藜。

在阳光中看来,这枚毒蒺藜不但钢质极纯,而且打造得极复杂精巧,叶瓣中还藏着七根极细的钢针,打在人身上后,钢针崩出,无论是钉到骨头上,还是打入血管里,都必死无疑。

这种暗器通常都不会放在桌上让人看的,很少有人能看得这么仔细。就连陆小凤也不能不承认，这种暗器的确有种不可思议的魔力，纵然摆在桌上，也一样可以感觉得到。

年轻人忽然道："我姓唐。"

陆小凤道："唐天纵？"

年轻人傲然道："正是。"

他也的确有他值得自傲的地方，在唐家的兄弟中，他年纪虽最小，可是他的武功却最高，风头也最健。

陆小凤道："你是不是想用你的暗器来换我的缎带？"

唐天纵冷冷道："暗器是死的，你若不懂怎么样使用它，我纵然将囊中暗器全送给你，也一样没有用！"

陆小凤叹了口气，道："原来你只不过是给我看看而已。"

唐天纵道："能看见这种暗器的人已不多。"

陆小凤道："我也可以把缎带拿出来让你看看，能看见这种带子的人也不多！"

唐天纵道："只可惜它杀不了人。"

陆小凤道："那也得看它是在什么人手里，有时一根稻草也同样可以杀人的。"

唐天纵沉下了脸，盯着他，摆在桌上的手忽然往下一按，桌上的毒蒺藜立刻凭空弹起，只听得"嗤"的一响，已飞起了三丈，"夺"的，钉入了屋梁，竟直没入木，看来这少年不但暗器高妙，手上的功夫也很惊人。

陆小凤却好像根本没看见。

唐天纵脸色更阴沉，道："这才真正是杀人的武器。"

陆小凤道："哦！"

唐天纵道："三块玉璧，再加上一条命，你换不换？"

陆小凤道："谁的命？"

唐天纵道:"你的。"

陆小凤又笑了,道:"我若不换,你就要我的命?"

唐天纵冷笑。

陆小凤慢慢地倒了杯茶,喝了两口,他忽然想到了一件事。唐天纵和卜巨既然能找得到他,别的人也一样能查出他的行踪。

泥人张既然能将那蜡像复原,就一定有人想将他杀了灭口。陆小凤放下茶杯,已决定不再跟这两个人纠缠下去,这已是他最后一条线索,泥人张绝不能死。

唐天纵道:"你拿定了主意没有?"

陆小凤笑了笑,慢慢地站起来,把桌上的三块玉璧拿起来,放进自己衣袋里。

卜巨展颜道:"你换了?"

陆小凤道:"不换。"

卜巨变色道:"不换为什么要拿走我的玉璧?"

陆小凤悠然道:"我陪你们说了半天话,就得换点东西来,我的时间一向很宝贵。"

卜巨霍然长身而起。这次唐天纵也没有拉他,一双手已探入了腰畔的豹皮革囊。

陆小凤却好像还是没看见,微笑着道:"你们若要缎带,也不是一定办不到,只不过我有我的条件。"

卜巨忍住怒气,道:"什么条件?"

陆小凤道:"你们每人跪下来给我磕三个头,我就一人给你们一条。"

卜巨怒吼,挥掌。唐天纵的手也已探出。

只听"啵"的一响,卜巨的手里忽然多了个茶壶,茶壶已被他捏得粉碎,茶水溅满了他身上的紫缎长袍,他居然没有看清茶壶是怎么样到他手里的。

他的手本想往陆小凤肩头上抓过去,谁知却抓到了这个茶壶。

唐天纵一只手虽已伸出豹囊,手里虽已握着满把暗器,却也不知为了什么,竟偏偏没有发出来。

再看陆小凤,竟已到了对街,正微笑着向他们招手,道:"茶壶是你弄破的,你赔,茶钱我也让你付了,多谢多谢。"

卜巨还想追过去,忽然听见唐天纵嘴里在"咝咝"地发响,一张脸由白变青,由青涨红,满头冷汗滚滚而落,竟像是已被人点了穴道。

陆小凤是几时出手的?

卜巨铁青的脸忽然变得苍白,长长吐出口气,重重地倒在椅子上。

门外却忽然有个人带着笑道:"我早就说过,你们若想要陆小凤听话,就得先发制人,只要他的手还能动,你们就得听他的了。"

一个人施施然走进来,头颅光光,笑得就像是个泥菩萨:"和尚说的一向都是老实话,你们现在总该相信了吧!"

03

陆小凤并没有看见老实和尚。他若看见了,心里一定更着急,现在他虽然没看见,但已经急得要命。不但急,而且后悔,他本不该留下泥人张一个人在那里的,他至少也该守在门外。

只可惜陆小凤这个人若有机会坐下来喝壶好茶,就绝不肯站在别人门外喝风。

现在他只希望那"第三个人"还没有找上泥人张的门去。他甚至在心里许了个愿,只要泥人张还能好好地活着,好好地把那蜡像复原交给他,他发誓三个月之内绝不再喝茶,无论多好的茶都不喝。

泥人张还好好地活着,而且看样子比刚才还活得愉快得多。因为那蜡像已复了原,银子已赚到了手。一个人的年纪大了,花银子的机会虽然愈来愈少,赚银子的兴趣却愈来愈大。

赚钱和花钱这两件事通常都是成反比的,你说奇怪不奇怪?

陆小凤一走进门,看见泥人张,就松了口气,居然还没有忘记在心里提醒自己——三个月之内绝不能喝茶,无论多好的茶都不喝。

喝茶也有瘾的,喜欢喝茶的人,若是不能喝茶,那实在是件苦事。幸好他也没有忘记提醒自己,他还能喝酒,好酒。

泥人张两只手都伸了出来,一只手是空的,一只手里拿着蜡像。

陆小凤当然明白他的意思。

有本事的人,替人做了事,立刻就要收钱,只要迟一下子,他都会不高兴的,事实上,他不要你先付钱,已经是很客气的了。

空手里多了张银票后,泥人张才把另外一只手松开,脸上才有了笑容。陆小凤却笑不出了。

这蜡像的脸,竟是西门吹雪的脸。

"金鱼胡同"是条很幽雅的巷子,九月的阳光晒在身上,既不太冷,也不太热。在天气晴朗的日子里,若能到这条巷子里来走走,本是件很愉快的事。

陆小凤心里却一点也不愉快。他绝不相信西门吹雪就是杀死张英风的凶手,更不相信西门吹雪会和那些太监们同流合污。最重要的是,他相信西门吹雪绝不会说谎,更不会骗他。可是这个蜡像的脸却偏偏就是西门吹雪的。

他本想问问泥人张:"你会不会弄错?"他没有问。

因为他一向尊重别人的技能和地位，在这方面，泥人张无疑是绝对的权威。你若说泥人张把蜡像弄错了，那简直比打他一记耳光还要令他难堪。

陆小凤从不愿让别人难受，可是他自己心里却很难受。这蜡像本是他最有力的线索，可是他有了这条线索后，却比以前更迷糊了。这究竟是怎么回事？他实在想不出。

不冷不热的阳光，照着他的脸，也照着他手里蜡像的脸。他一面往前面走，一面看着这蜡像，刚走出巷子，忽然又跳了起来，转头奔回去，就好像有条鞭子，在后面抽着他一样，他又发现了什么？

泥人张见客的地方，就是他工作的地方，屋子里三面都是窗户，一张大桌子上摆满了各式各样的瓷土颜料、刻刀画笔。除了替人捏泥塑像外，他还替人刻图章，画喜神。

陆小凤第三次来的时候，这老人正伏在桌上刻图章，有人推门走进来，他连头都没有抬。

屋里的窗子虽多，却还是好像很阴暗，老人的眼力当然也不太好，一张脸几乎已贴在桌子上。

陆小凤故意咳嗽两声，老人没有反应，陆小凤咳嗽的声音又大了一些，老人还是没有抬头，也没有动，连手里的刀都没有动。

刀不动怎能刻图章？

难道这老人也已遭了别人的毒手？陆小凤的心沉了下去，人却跳了起来，一步蹿到他背后，想扳过他的身子来看看。

谁知道这老人却忽然开了口："外面的风大，快去关上门。"

陆小凤又吓了一跳，苦笑着退回去，轻轻掩上了门，只觉得自己就像是个犯了疑心病的老太婆。

泥人张道："你是来干什么的？"

陆小凤道:"我是来换蜡像的!"

泥人张道:"换什么蜡像?"

陆小凤道:"你刚才交的货不对,我想把原来那个换回来!"

走到巷口,他才发现泥人张交给他的蜡像颜色发黄,严人英给他的蜡像却是淡青色的,显然已被这老人掉了包,让西门吹雪替那凶手背黑锅,这老人若不是凶手的同党,就是已经被买通了。

陆小凤道:"我是来要你把我那蜡像还原的,并没有要你另外替我捏一个。"

他慢慢地走过来,眼睛盯在这老人握刀的手上,刻图章的刀也一样能杀人的,他不想别人拿他当图章一样,在他咽喉上刻一刀。

谁知泥人张却将手里的刀放了下来,才慢慢地回过头,道:"你在说什么?我不懂。"

陆小凤也糊涂了,他已看见了这老人的脸,这个泥人张,竟不是他刚才看见的那个。

他一口气几乎憋死在嗓子眼里,过了半天才吐出来,又盯着这老人的脸看了几眼,忍不住问道:"你就是泥人张?"

老人露出满嘴黄牙来笑了笑,道:"王麻子剪刀虽然有真有假,泥人张却是只此一家,别无分号!"

陆小凤道:"刚才的那个人呢?"

泥人张眯着眼睛四面看了看,道:"你说的是什么人?我刚从外面回来,刚才这地方连个鬼影子都没有。"

陆小凤只觉得满嘴发苦,就好像被人塞了个烂桃子在嘴里。

原来他刚才遇见的那泥人张竟是冒牌货,别人要他上当,简直比骗小孩还容易。

泥人张看了看他手里的蜡像,忽然道:"这倒是我捏出来的,怎么会到了你手里?"

陆小凤立刻问道:"你看见过这个人?"

泥人张道:"没有。"

陆小凤道:"你没有见过这个人,怎么能捏出他的像来?"

泥人张笑了笑,道:"我没有看见过关公,也一样能捏出关老爷的像来!"

陆小凤道:"是不是有人画出了这个人的相貌,叫你照着捏的?"

泥人张笑道:"这次你总算明白了。"

陆小凤道:"是谁叫你来捏这个像的?"

泥人张道:"就是这个人。"他转身从桌上拿起了个泥人,道,"他来的时候,我手上正好有块泥,就顺便替他也捏了个像,却忘了拿给他。"

陆小凤眼睛又亮了,只可惜老人的手恰巧握着这泥人的头,他还是没有看见他最想看的这张脸。

泥人张还在摇着头,叹着气,喃喃道:"一个人年纪大了,脑袋就不管用了,不是忘记了这样,就是忘记了那样。"

陆小凤忽然笑道:"你脑筋虽然不好,运气却好极了。"

泥人张道:"什么运气?"

陆小凤道:"你若没有忘记把这泥人交给他,你就少赚了五百两银子。"

泥人张眼睛里也发出了光,道:"现在你能让我赚五百两银子?"

陆小凤道:"只要你把这泥人给我,五百两银子就已赚到了手!"

泥人张已笑得连嘴都合不拢,立刻把手里的泥人送到陆小凤面前。

陆小凤刚想去接,突听"嘣"的一声轻响,泥人的头突然裂开,七八点寒星暴射而出,直打向他的咽喉。

这泥人里竟藏着简极厉害的机簧暗器,距离陆小凤的咽喉还不到两尺！

两尺间的距离，闪电般的速度，绝对出人意料之外的情况，七根见血封喉的毒针！

看来陆小凤这次已死定了！

无论谁在这种情况下，都已死定了，这样的距离、这样的速度、这样的暗器，天上地下，绝没有任何一个人能躲过去。

这一次暗算，显然已经过深思熟虑，不但已十拿九稳，简直已万无一失！

就连陆小凤也万万躲不过去。

可是他并没有死，因为他手里还有个蜡像。"嘣"的一响，机簧发动时，他的手一震，手指弹出，蜡像就从他手里跳了起来，恰巧迎上了这七点寒星。

毒针打在蜡像上，余力未尽，蜡像还是打在他的咽喉上。蜡像虽然打不死人，他还是吃了一惊。

就在这时，泥人张已凌空掠起，箭一般蹿出了窗户，等到陆小凤发现时，他的人已在窗外。

这"泥人张"的反应居然也不慢，一击不中，立刻全身而退。

可是他刚蹿出去，就发出了一声惊呼，呼声很短促，其中还夹着"砰"的一声响，就好像有样东西重重地撞在木头上。

响声过后，呼声就突然停顿。陆小凤赶出去时，他的人已倒在院子里，像是已晕了过去。另外有个人站在他旁边，用一双手抱着头，却是个光头。

陆小凤叫了出来："老实和尚！"

老实和尚摸着头，苦笑道："看来和尚的名字已经应该改了，应该叫作倒霉和尚！"

陆小凤道："和尚几时倒了霉？"

老实和尚道："和尚若不倒霉，怎么会有人把脑袋硬往和尚的脑袋上撞？"

就在这片刻间，"泥人张"脑袋上已肿起了又青又紫的一大块。

陆小凤又好笑，又奇怪，他当然知道两个人的脑袋是绝不会凑巧碰上的，他想不通老实和尚为什么要帮他这个忙。

老实和尚还在摸着头，喃喃道："幸好和尚的脑袋还硬。"

陆小凤笑道："所以和尚虽然倒霉，泥人张却更倒霉。"

老实和尚道："你说他是泥人张？"

陆小凤道："他不是？"

老实和尚道："这人若是泥人张，和尚就是陆小凤了。"

其实陆小凤当然也知道这个泥人张是冒牌的，可是他也想不通，那第一个真的泥人张为什么要把蜡像掉了包来骗他。

老实和尚道："和尚虽然长得不漂亮，却也曾来找泥人张捏过一个像。"

陆小凤道："所以和尚认得泥人张！"

老实和尚点点头，道："你是不是也想找他捏个像？"

陆小凤笑道："却不知他能不能捏出我这四条眉毛来？"

老实和尚道："你就算有八条眉毛，他也绝不会捏少一条，连一根都不会少，只可惜他现在已只能等着别人替他捏像了！"

陆小凤皱眉道："为什么？"

老实和尚道："和尚刚才是从后面绕过来的，后面有口井。"

陆小凤道："井里有什么？"

老实和尚叹了口气，道："我劝你还是自己去看看的好！"

井里当然有水。可是这口井里，除了水外，还有血。泥人张的血！

"和尚就是嗅到井里的血腥气,才过来看。"老实和尚双手合十,苦着脸说道,"看了还不如不看,阿弥陀佛,我佛慈悲。"

他看见的是四个死人,现在陆小凤也看见,泥人张一家大小四口,已全都死在井里。

陆小凤一直没有开口,他不想在老实和尚面前吐出来,他一肚子都是苦水。

现在他才知道,他看见的两个泥人张,原来都是冒牌的。

第一个冒牌泥人张只管将蜡像调包,嫁祸给西门吹雪。若是陆小凤不上当,就一定会再来的,第二个泥人张就等在那里要他的命!

这正是个不折不扣的连环毒计,一计不成,计中还有计。

陆小凤叹了口气,忽然觉得自己的运气还算不错,居然还能活到现在。

老实和尚却叹了口气,道:"我早就说过,你霉气直透华盖,一定要倒霉的!"

陆小凤道:"我倒了什么霉?"

老实和尚道:"你什么事都不好做,偏偏要找死人来捏像,这难道还不算倒霉?"

陆小凤看着他,道:"就算我是来找死人捏像的,和尚是干什么来的?"

老实和尚好像被问住了,半天说不出话来。

幸好就在这时,那个头已被撞肿的"泥人张"忽然发出了呻吟。

他们到后院来的时候,当然没有忘记把这个人也一起带来。

老实和尚松了口气,道:"看样子他总算已快醒了,和尚总算没有把他撞死!"

陆小凤盯着他,道:"你本来是不是想把他撞死的?"

老实和尚赶紧双手合十,道:"阿弥陀佛,罪过罪过,上天有好生之德,和尚若有这种想法,岂非要被打下十八层地狱?"

陆小凤笑了笑,道:"那地方岂非也不错,至少还可以遇见几个老朋友,何况,和尚不入地狱,谁入地狱?"

老实和尚摇着头,喃喃道:"千万不能跟这个人斗嘴,千万不能……"

陆小凤忍不住笑道:"和尚是在念经?"

老实和尚叹了口气,道:"和尚只不过在提醒自己,免得以后下拔舌地狱。"

陆小凤本来还想说话的,却又忍住。因为他看见地上的人终于已醒,正捧着脑袋,挣扎着想坐起来。

陆小凤看着他,他也看见了陆小凤,眼睛里立刻露出了恐惧之色,看见了老实和尚后,显得更吃惊。看样子他是认得这个和尚的。

老实和尚脸上却连一点表情也没有,陆小凤居然也没有开口。两个人就这么样不声不响地站在他面前,看着他。

他虽然不是真的泥人张,却真的已是个老人。陆小凤知道自己用不着开口,他也该明白这是什么意思的。

老人果然叹了口气,道:"我知道你们一定有话要问,也知道你们要问的是什么。"

他当然应该知道,无论谁被暗算了之后,都一定会盘问对方的姓名来历,是受谁主使的。一个人活到五六十岁,这种道理他怎么会不懂?

老人道:"可是你们要问的话,我一句也不能说,因为一说出来,我就非死不可。"

陆小凤道:"你怕死?"

老人苦笑道:"我虽然已是个老头子,虽然明知道已活不了多久,但却比年轻的时候更怕死!"

他说的都是实话。一个人年纪若愈大,就愈不想死,所以逞勇轻生的都是年轻人,跳楼上吊也都是年轻人——你几时看见过老头子自杀的?

陆小凤板着脸,道:"你既然怕死,难道就不怕我们杀了你?"

老人道:"我不怕!"

陆小凤奇怪了:"为什么不怕?"

老人道:"因为你看样子就不像喜欢杀人的,也不像要杀我的样子。"

陆小凤道:"你看得出?"

老人道:"我已活到这么大年纪,若连这点事都看不出,岂非白活了?"他居然在笑,笑得就像是条老狐狸。

陆小凤瞪着他,忽然道:"这次你错了!"

老人道:"哦?"

陆小凤道:"你没有看错我,我的确不会杀你,但是你看错了叫你来的那个人,你既然没有杀了我,无论你说不说出他的秘密,都一样必死无疑。"

老人的笑容已僵硬,眼睛里又露出了恐惧之色。

陆小凤道:"你当然很了解他的手段,你若要走,我绝不会拦住你,你死了也不能怨我!"

老人站起来,却没有动。

陆小凤道:"我一向很少杀人,却救过不少人!"

老人道:"你……你肯救我?"

陆小凤道:"你肯说?"

老人迟疑着,一时间还拿不定主意。

陆小凤道:"你不妨考虑考虑,我……"

他的声音忽然停顿,甚至连呼吸都已停顿。他忽然发现这老人的眼白已变成惨碧色，惨碧色的眼睛里，却有一滴鲜红的血珠沁了出来。等他冲过去时，老人的眼角已裂开，但他却好像一点也不觉得痛苦。

陆小凤一把抓住他的手，手已冰冷僵硬，不禁变色道："快说，只要说出他的名字来。"

老人嘴唇动了动，脸上忽然露出诡秘的笑容，笑容刚出现，就已冻结。他的人也已僵硬，全身的皮肤都已经干硬如牛皮。陆小凤碰一碰他，就发出"噗"的一声响，声音听来就好像是打鼓一样。

老实和尚也吃了一惊，失声道："这是僵尸木魅散。"

陆小凤轻轻吐出口气，道："毒散入血，人化僵尸。"

老实和尚道："难道他来的时候就已中了毒，毒性直到现在才发散？"

陆小凤道："若不是被你撞晕了，他一出大门，只怕就已要化做僵尸。"

老实和尚道："所以这一计无论成不成，他都已必死无疑。"

陆小凤叹了口气，道："这么周密的计划，这么大的牺牲，为的究竟是什么？"

老实和尚道："为的是要杀你！"

陆小凤苦笑道："若是只为了杀我，他们付出的代价就未免太大了些！"

老实和尚道："你也未免把自己看得太不值钱了些！"

陆小凤道："他们要杀我，只不过怕我挡住他们的路而已！"

老实和尚道："你认为他们另有目的？"

陆小凤道："嗯。"

老实和尚道："什么目的？"

陆小凤道："他们付出了这么多代价，要做的当然是件大事！"

老实和尚道："什么大事？"

陆小凤道："你为什么不去问问你的菩萨？"

老实和尚道："菩萨只会听和尚念经，和尚却听不见菩萨的话。"

陆小凤道："那么你为什么要做和尚？"

老实和尚笑了笑，道："因为做和尚至少比做陆小凤好，陆小凤的烦恼多，和尚的烦恼少！"

他忽然拍手高歌："你烦恼，我不烦恼，烦恼多少，都由自找，你要去找，我就走了！"歌声未歇，他的人真的走了。

"烦恼多少，都由自找。"陆小凤望着他背影苦笑道，"只可惜就算我不去找它，它也会来找上我的。"

04

天高气爽，秋日当空。陆小凤慢慢地走出巷子，忽然发现有一个人站在巷口，衣饰华丽，脸色苍白，竟是唐门子弟中的第一高手唐天纵。

他为什么要在这里等着？是不是又有麻烦要找上门来了？

陆小凤笑了笑，道："你那朋友呢？茶壶的钱他赔了没有？"

唐天纵看着他，眼睛里满布血丝，忽然跪下来，向陆小凤磕了三个头。

陆小凤怔住。

——我的条件很简单，你们每人跪下来给我磕三个头，我就一人给你们一条缎带。

这条件本是陆小凤自己说出来的，但是他却想不到唐天纵真的会这么样做。

一个像他这么样骄傲的年轻人，宁可被人砍下脑袋，也不肯跪下来磕头。

可是唐天纵却磕了,不但着着实实地磕了三个头,而且磕得很响。

这眼高于顶的年轻人,竟不惜忍受这种屈辱?为的究竟是什么?

陆小凤叹了口气,道:"难道你一定要去找叶孤城?你找到他也未必能报得了仇。"

唐天纵已站起来,瞪着他,一句话也不说,一个字也不说。

陆小凤只有从腰上解下条缎带递过去,唐天纵接过缎带,回头就走。

第九章

难得糊涂

01

九月十五,正午。阳光灿烂。陆小凤从金鱼胡同里走出来,沿着虽古老却繁华的街道大步前行,虽然又是通宵未睡,他看来还是活力充沛,神气得很。

街道上红男绿女来来往往,两旁的大小店铺生意兴隆,他虽然已惹上了一身麻烦,心情还是很愉快。因为他喜欢人。

他喜欢女人,喜欢孩子,喜欢朋友,对全人类他都有一颗永远充满了热爱的心。大多数人也都很喜欢他。他身上穿的衣服虽然已有点脏了,可是眼睛依然发亮,腰杆还是笔挺,从十四岁到四十岁的女人,看见他时,还是不免要偷偷地多看两眼。

本来系在他腰上的缎带,现在他都已解下来,搭在肩上。六条缎带他已送出去两条,一条给了老实和尚,一条给了唐天纵。

现在他只希望能将剩下来的这四个烫手的热山芋赶快送出去,唯一的问题是,他还没有选择好对象。

前面有个耍猴戏的人,已敲起了锣,孩子们立刻围了上去。

一个白发苍苍的老人,拄着根拐杖,蹒跚着从一家药材铺里走出来,险些被两个孩子撞倒。

陆小凤立刻赶过去扶住了他，微笑道："老先生好走。"

白发老人弯着腰，喘息着，忽然抬头向陆小凤挤了挤眼睛，伸了伸舌头，做了个鬼脸。

陆小凤吃了一惊。他什么怪事都见过，倒还没有看见过老头子朝他做鬼脸的。

等到他看清楚这老头子的一双眼睛时，他又几乎忍不住要叫了起来。

司空摘星！这老头子原来是偷遍天下无敌手的"偷王之王"扮成的。

陆小凤虽然没叫出来，手里却用了点力，狠狠在他膀子上捏了一下子，压低声音道："好小子，你怎么也来了？"

司空摘星道："连你这坏小子都来了，我这好小子为什么不能来？"

陆小凤手上的力气又加重了些，道："你是不是想来偷我的缎带？"

司空摘星疼得龇牙咧嘴，不停地摇头。

陆小凤道："你不想？"

司空摘星道："不想，真的不想。"

陆小凤看见他脸上的表情，总算松开了手，带着笑道："莫非你改行了？"

司空摘星长长吐出口气，揉着膀子道："倒也没有改行！"

陆小凤道："既然没有改行，为什么不偷？"

司空摘星道："我既然已经有了，为什么还要偷？"

陆小凤道："你有了什么？"

司空摘星道："缎带。"

陆小凤怔了怔，道："你已经有了根缎带？"

司空摘星道："嗯。"

陆小凤道："你是从哪里找来的？"

司空摘星笑了笑，道："刚才从一个朋友身上拿来的！"

陆小凤道："这朋友就是我？"

司空摘星又叹了口气，道："你知道我的朋友并不多。"

陆小凤咬了咬牙，伸出手，又想去抓人。

司空摘星这次却不肯让他抓住了，远远地避开，笑道："你身上有四条带子，我只拿了一条，已经算是很客气的了，你还不满意？"

陆小凤瞪着他，忽然也笑了，道："我本来还以为你是个聪明人，谁知道你也是笨蛋！"

司空摘星眨着眼，等他说下去。

陆小凤道："你也不想想，若是真的缎带，我怎么肯随随便便地搭在身上？"

司空摘星失声道："难道这缎带是假的？"

陆小凤也朝他挤了挤眼睛，伸了伸舌头，做了个鬼脸。

司空摘星怔了半天，就好像变戏法一样从袖子里抽出条缎带，喃喃道："看来这好像真的，又有点似假的。"

陆小凤笑道："我知道你从来不偷假东西，想不到今天也上了当。"

司空摘星道："你可千万不能把这件事说出去，砸了我的招牌。"

陆小凤悠然道："你偷了我的东西，我为什么连说都不能说？"

司空摘星道："我若还给你呢？"

陆小凤道："还给我，我还是要说，偷王之王居然也会偷了样假货，那些偷子偷孙若是听见这件事，大牙至少要笑掉七八颗。"

司空摘星道："我若先把缎带还给你，再请你去大吃一顿呢？"

陆小凤故意迟疑着，道："这么我倒不妨考虑考虑，还得看你请我吃什么。"

司空摘星道："整只的红烧排翅，再加上两只大肥鸭，你看怎么样？"

陆小凤好像还不太愿意，终于勉强点了点头，其实却已几乎忍不住要笑得满地打滚了。

——这小子还是上了我的当。

看见司空摘星恭恭敬敬地把缎带送过来，他更忍不住要笑，不但要笑得打滚，而且还想翻跟斗。

谁知司空摘星忽然又把手缩了回去，摇着头道："不行，绝不行！"

陆小凤立刻道："什么事不行？"

司空摘星又叹口气，道："鸭子太肥，鱼翅太腻，吃多了一定会泻肚子，我们是老朋友，我绝不能害你！"

陆小凤又怔住。

司空摘星眨着眼，道："何况，我也想通了，假带子总比没有带子好，你说对不对？"他好像也忍不住要笑，终于还是笑了出来，大笑着翻了三个跟斗，人已掠上屋脊，向陆小凤招了招手，就忽然不见了。

陆小凤却已连肚子都要被气破，咬着牙恨恨道："这小子是我的克星，遇见他我就倒霉。"

他的话还没有说完，忽然发现本来在看猴子戏的孩子们都已围了过来，一个个都在仰着脸，看着他，好像觉得他比那会玩把戏的猴子还有趣。

陆小凤苦笑道："你们为什么不到那边去看猴子玩把戏？"

一个孩子摇着头道："猴子不好看，你好看。"

陆小凤又好气，又好笑，却又忍不住问道："我有什么好看的？"

孩子道："你跟那老公公是朋友，一定也像他一样会飞。"

陆小凤总算明白了，这些孩子原来是来看飞人的。

孩子们又在央求："大叔你飞给我们看看好不好？"

陆小凤叹了口气，忽又笑道："我教你们一首歌，你们唱给我听，我就飞给你们看。"

孩子们立刻拍手欢呼："好，我们唱，我们以后天天都唱。"

陆小凤又开心了，立刻教孩子们一句句地唱："司空摘星，是个猴精，猴精捣蛋，是个混蛋，混蛋不乖，打他屁股。"

孩子们学得倒真好，一下子就学会了，大声唱了起来，唱个不停。

陆小凤自己听听也觉得好笑，愈听愈好笑，笑得捧着肚子，也接连翻了三个跟斗，翻上了屋脊，向孩子们招了招手，笑道："你们一有空就唱，我一有空就来飞给你们看。"

02

肩上的四条绶带果然已少了一条，连陆小凤都不能不承认，那个猴精的确有两手，居然能在他眼前把东西偷走。

刚才他几乎把肚子都气破，后来又几乎把肚子笑破，现在他只觉得肚子里已空空的，简直饿得要命。幸好现在正是吃饭的时候，大大小小的酒楼饭铺里，刀勺乱响，就算不饿的人，听见了也会饿。若是再不进去大吃一顿，那么他这个既没有被气破、也没有被笑破的肚子，只怕很快就要被饿破了。

"来一大碗红烧鱼翅、一只烤鸭、两斤薄饼，外加三斤竹叶青，四样下酒菜。"

他找了家最近的饭馆，找了张最近的桌子，一坐下来就好像饿死鬼投胎一样，要了七八样东西。然后他就坐在那里等。

七八样吃的东西连一样都没有来，外面却有七八个人走了进来，走在前面的一个人，锦衣华服，顾盼自雄，两鬓虽已斑白，打扮得却还是像个花花公子，腰上的玉带晶莹圆润，上面还镶满了比龙眼还大的珍珠，比拇指还大的翡翠。

就只这一条玉带，已是价值连城，玉带上挂着的一柄剑，却远比玉带还珍贵。

跟在他后面的，也都是意气风发，不可一世的年轻人，穿着一个比一个华丽花俏，眼睛好像全都长在头顶上，可是一个个全都脚步轻健，动作灵活，看来又都是武林中身手不弱的少年英雄。

这些人走进来，只打量了陆小凤一眼，就找了张最大的桌子坐下来。

他们虽然没有将别人看在眼里，总还算是看了陆小凤一眼。

陆小凤却连一眼都懒得看他们，但他却还是认出了挂在玉带上的那柄剑。

一柄黑鱼皮鞘，白金吞口，形式奇古的长剑，鲜红的剑穗上，系着个白玉雕成的双鱼。只要认出了这柄剑，就一定能认出佩剑的人。

这个锦衣佩剑的中年人，当然就是江南虎丘，双鱼塘，长乐山庄的主人，"太平剑客"司马紫衣了。

"金南宫，银欧阳，玉司马"这句话说的正是武林三大世家。

自古以玉为贵，长乐山庄无疑是其中最富贵的一家，司马紫衣除了家传的武功外，还是昔年"铁剑先生"的唯一衣钵弟子，少年英俊，文武双全，再加上显赫的家世，不到二十岁就已名满天下。现在他虽已人到中年，非但少年的骄狂仍在，英俊也不减当年。

能亲眼见到这么样一个人的风采，本是件很荣幸的事。可是陆小凤却宁愿能看到一碗已煨得烂透了的红烧鱼翅。

鱼翅的火候煨得正好，酒也温得恰到好处，陆小凤拿起了筷子，正准备好好地吃一顿，却已看见一个紫衣佩剑、剑上悬着白玉双鱼的年轻人向他走了过来。

他从心里叹了口气，知道又有麻烦要找上门来了，所以赶快趁这年轻人还没有走到面前的时候，先用鱼翅塞满了自己的嘴。

紫衣少年扶剑而立，又冷冷地打量了他两眼，才抱了抱拳，道："阁下想必就是陆小凤。"

陆小凤点点头。

紫衣少年道："在下胡青，来自姑苏虎丘，双鱼塘，长乐山庄，那边坐着的就是家师，阁下想必也已知道。"

陆小凤又点点头。

胡青道："明人面前不说暗话，家师特地叫我来借阁下肩上的缎带一用，再请阁下过去用酒。"

这次陆小凤既没有点头，也没有摇头，却指了指自己的嘴，他嘴里的鱼翅还没有咽下去，当然也没法子开口说话。

胡青皱了皱眉，虽然显得很不耐烦，却也只有站在那里等着，好不容易等陆小凤吃完了，立刻又问道："阁下现在就请将缎带交给我如何？若是阁下自己还想留下一条也无妨。"

他说得轻松极了，好像认为他既然过来开了口，就已经给了陆小凤天大的面子。

陆小凤慢吞吞地咽下鱼翅，慢吞吞地拿起酒杯，喝了一口，又轻轻叹了口气，表示对鱼翅和酒都很满意，然后才微笑着道："司马庄主的盛名，我已久仰，司马庄主的好意，我也很感激，至于这缎带……"

胡青道："缎带怎么样？"

陆小凤淡淡道："缎带不借。"

胡青的脸色变了，反手握住了剑柄。

陆小凤却连看也不看他一眼，又夹了块鱼翅放进嘴里，仔细咀嚼，慢慢欣赏。

胡青瞪着他，手背上青筋颤动，仿佛已忍不住要拔剑，背后却有人咳嗽了两声，道："你那'借'字用得不好，这样的东西，谁也不肯借的。"

司马紫衣居然也不惜劳动自己的大驾走过来，却又远远停下，好像在等着陆小凤站起来迎接。

陆小凤没看见。他对面前这盆鱼翅的兴趣，显然比对任何人都浓厚得多。

司马紫衣只有自己走过来，伸出一只保养得很好的手，朝桌子上点了点。

胡青立刻从怀里拿出叠银票，放在桌上。

司马紫衣又用那只手摸了摸他修饰洁美的小胡子，道："玉璧虽好，总不如金银实惠，卜巨不解人意，当然难免碰壁。"

京城里的消息传得真快，一个时辰前的事，现在居然连他都已知道。

司马紫衣道："我的意思，阁下想必也定有同感。"

陆小凤点点头，表示完全同意。

司马紫衣道："这里是立刻兑现的银票五万两，普通人有了这笔钱财，已可无忧无虑地过一辈子了。"

陆小凤也完全同意。

司马紫衣接着又道："五万两银票，只换两条缎带，总是换得过的。"

陆小凤还是完全同意。

司马紫衣脸上露出微笑，好像已准备走了，这交易已结束。

谁知陆小凤忽然开了口，道："阁下为什么不将银票也带走？"

司马紫衣道："带到哪里去？"

陆小凤道："带到绸缎铺去。"

司马紫衣不懂。

陆小凤道："街上的绸缎铺很多，阁下随便到哪家去换，都方便得很。"

司马紫衣沉下了脸，道："我要换的是你这缎带。"

陆小凤笑了笑，道："我这缎带不换。"

司马紫衣看来总是容光焕发的一张脸，已变得铁青，冷冷道："莫忘记这是五万两银子。"

陆小凤叹了口气，道："你若再让我安安静静地吃完这碗鱼翅，我情愿给你五万两！"

司马紫衣铁青的脸又涨得通红，旁边桌上已有人忍不住扑哧一声笑了出来。

笑声刚响起，剑光也飞出，只听"叮"的一响，剑尖已被筷子夹住。

发笑的是个已有了六分酒意的生意人，出手的是胡青，他的手腕一翻，腰畔长剑已毒蛇般刺了出去，谁知陆小凤的出手却更快，突然伸出筷子来轻轻一夹，剑尖立刻被夹住，就好像一条蛇被捏住了七寸。

胡青脸色骤变，吃惊地看着陆小凤。

陆小凤道："他醉了。"

胡青咬着牙，用力拔剑，这柄剑却好像已在筷子上生了根。

陆小凤淡淡道："这里也没有不许别人笑的规矩，这地方不是长乐山庄。"

胡青额上已有了汗珠，忽然间，又是剑光一闪，"叮"的一响——他手里的剑已断成两截！

司马紫衣一剑削出,剑已入鞘,冷冷道:"退下去,从今以后,不许你再用剑。"

胡青垂着头,看着手里的断剑,一步步往后退,退出去七八步,眼泪忽然流了下来。

陆小凤叹了口气,道:"可惜可惜!"

司马紫衣道:"可惜?"

陆小凤道:"可惜了这把剑,也可惜了这个年轻人,其实他的剑法已经是很不错,这把剑也是很不错。"

司马紫衣沉着脸,冷冷道:"能被人削断的剑,就不是好剑!"

陆小凤道:"他的剑被削断,也许只不过因为剑尖被夹住。"

司马紫衣道:"能被人夹住的剑,留着也没有用。"

陆小凤看着他,道:"你一剑出手,就绝不会被夹住?"

司马紫衣道:"绝不会。"

陆小凤笑了,忽然笑道:"我的缎带既不借,也不换,当然更不卖!"

司马紫衣冷笑道:"你是不是要我抢?"

陆小凤道:"你还可以赌。"

司马紫衣道:"怎么赌?"

陆小凤道:"用你的剑赌。"

司马紫衣还是不懂。

陆小凤道:"你一剑刺出,若是真的没有人能夹住,你就赢了,你非但可以拿走我的缎带,还可以随便拿走我的脑袋。"

司马紫衣道:"我并不想要你的脑袋。"

陆小凤道:"可是你想要我的缎带!"

司马紫衣瞪着他,道:"除此之外,没有别的法子?"

陆小凤道:"没有。"

司马紫衣沉吟着,忽然道:"我要刺你左肩的肩井穴,你准备好。"

陆小凤微笑着拍了拍自己的左肩,道:"我的衣服不太干净,又已经两天没洗澡,你的剑若刺进去,最好快些拔出来,免得弄脏了你的剑。"

司马紫衣冷冷道:"只要有血洗,剑脏了也无妨!"

陆小凤道:"却不知我的血干不干净?"

司马紫衣道:"你现在就会知道了。"

"了"字出口,剑已出手,剑光如闪电,直刺陆小凤的左肩。剑很长,本不容易拔出来,但是他却有种独特的方法拔剑,剑一出鞘,就几乎已到陆小凤的肩头。

陆小凤就伸出两根手指来一夹!这本来是个极简单的动作,可是它的准确和迅速,却没有人能形容,甚至没有人能想象。

这动作虽简单,却是经过千锤百炼的,已是铁中的精英,钢中的钢。

司马紫衣的心沉了下去,血也在往下沉,他的剑已被夹住!

他四岁时就已用竹练剑,七岁时就有了把纯钢打成的剑。他学剑已经四十年,就只练这拔剑的动作,已研究过一百三十多种方法,他一剑出手,已可贯穿十二枚就地洒落的铜钱。

可是现在他的剑还是被夹住了,在这一瞬间,他几乎不能相信这是真的。他看着陆小凤的手,几乎不能相信这真的是只有血有肉的手。

陆小凤也在看着自己的手,忽然道:"你这一剑并没有使出全力来,看来你的确并不想要我的脑袋。"

司马紫衣道:"你……"

陆小凤笑了笑,道:"我不是个好人,我却不坏,你不想要我的脑袋,我送你条缎带!"

他解下条缎带，挂在剑尖上，就大步走了出去，连头都没有回。他生怕自己会改变主意。

肚子里虽然还没有吃饱，陆小凤心里却很愉快。因为他知道司马紫衣现在一定已明白了两件事：无论谁的剑都可能被夹住，有些人是吃软不吃硬的。

他相信司马紫衣受到这个教训后，一定会改改那种财大气粗、盛气凌人的样子。

这对他又有什么好处呢？他完全没有去想，陆小凤做事本就从来也没有为自己打算过。

可是他肚子却在抗议了。他的肚子虽不大，两口鱼翅却也填不满。对他来说，想要舒舒服服地吃顿饭，已变成件很困难的事。

只要他还有缎带在身上，无论他到什么地方去，不出片刻，就会有麻烦找上门来。

剩下的这两条缎带应该怎么送出去？应该送给谁？其中有一条他是准备留给木道人的，木道人偏偏人影不见。不该来的人全都来了，该来的人都没有来。

因为这些人该来的时候不来，不该来的时候却偏偏要来。陆小凤好像总是会遇见这种人、这种事。他叹了口气，忽然发觉老实和尚正从前面走过来，手里拿着馒头在啃，看见陆小凤，就像是看见了鬼一样，立刻想溜之大吉。

陆小凤却已赶过去，一把拉住了他，道："你想走？往哪里去？"

老实和尚翻了翻眼，道："和尚既没有惹你，又没有犯法，你拉着和尚干什么？"

陆小凤眨了眨眼，笑道："因为我想跟和尚谈个交易。"

老实和尚道："和尚不跟你谈交易，和尚不想上你的当。"

陆小凤道:"这次我保证你绝不会上当。"

老实和尚看着他,迟疑着,道:"什么交易?你先说说看。"

陆小凤道:"我用这两根缎带,换你手上的这个馒头。"

老实和尚道:"不换。"

陆小凤叫了起来,道:"为什么不换?"

老实和尚道:"因为和尚知道天下绝没有这种便宜事。"他又翻了翻白眼,道,"卜巨用三块玉璧跟你换,你不换,司马紫衣用五万两银子跟你换,你也不换,现在你却要来换和尚的馒头,你又没有疯。"

陆小凤道:"难道你以为我有阴谋?"

老实和尚道:"不管你有没有阴谋,和尚都不上当。"

陆小凤道:"你一定不换?"

老实和尚道:"一定不换。"

陆小凤道:"你不后悔?"

老实和尚道:"不后悔。"

陆小凤道:"好,不换就不换,可是我要说的时候,你也休想要我不说。"

老实和尚忍不住问道:"说什么?"

陆小凤道:"说一个和尚逛妓院的故事。"

老实和尚忽然把馒头塞到他手里,抽下他肩上的缎带,掉头就走。

陆小凤大声道:"莫忘记其中有一条是木道人的,你一定要去交给他,否则我还是要说。"

老实和尚头也不回,走得比一匹用鞭子抽着的马还快,陆小凤笑了,只觉得全身轻飘飘的,从来也没有这么样轻松愉快过。

他总算已将这些烫山芋全都抛了出去,肩上的一副千斤重担,也总算交给了别人。

馒头还没有冷透,他咬了一口,只觉得这馒头简直比鱼翅还好吃。他居然忘了把最后一条缎带留给一个人,居然忘得干干净净。

他本来一直都在怀疑老实和尚就是这阴谋的主脑,现在好像也已忘了。你说他究竟是糊涂?还是聪明?

03

日色已渐渐偏西。现在距离陆小凤把缎带塞给老实和尚的时候,已有一个多时辰,没有人知道他在这一个多时辰里是干什么去了。

他好像一直在城里东游西荡,兜了不少圈子,就算有人在盯他的梢,也早已被他甩脱,他当然不能把任何人带到合芳斋。

他是从后门进来的,后园里人声寂寂,风中飘动着菊花和桂子的香气,连石榴树下,大水缸里养的金鱼,都好像懒得动。

穿过菊花丛,就可以看见有个人正坐在六角小亭里,倚着栏杆痴痴地出神。

菊花是黄的,栏杆是红的,她却穿着翠绿色的衣裳,柳腰盈盈一摆,苍白的脸上病容未减,新愁又生,仿佛弱不胜衣。

园中的秋色虽美,却还不及她的人美,陆小凤好像直到现在才发现,欧阳情竟是这么样一个美丽的女人,这是不是因为他现在才知道她一直都在偷偷地爱着他?

风吹着栏杆下面的菊花,小径上已有了三两片落叶。他悄悄地走过去,忽然发现欧阳情的一双发亮的眼睛也正在看着他。

他们并没有见过很多次面,事实上,他们说过的话加起来也许还不到十句。

可是现在陆小凤心里却有种说不出的微妙感觉,心也跳得快了,居然好像有点手足失措。

她心里又是什么滋味？至少陆小凤并没有从她脸上看出什么特别不同的地方，她看着他时，跟以前并没有什么两样。看来她若不是很沉得住气，就一定很会装模作样。

世上的女人又有几个是不会装模作样的？

陆小凤在心里叹了口气，走上小亭，勉强笑了笑，道："你的病好了？"

欧阳情点了点头，指了指对面的石凳，道："坐。"

陆小凤本来是想坐在她旁边的，可是人家既然表现得很冷淡，他也不能太热情——唉，女人为什么总喜欢装模作样？

这是不是她们都知道，男人喜欢的，就是会装模作样的女人？欧阳情若是表现得很热情，陆小凤只怕早已被吓跑了。

现在他却乖乖地坐在对面的石凳上，心里虽然有很多话说，却连一句也说不出来，只好搭讪着问道："西门吹雪呢？"

欧阳情道："他在屋里陪着大嫂，我想他们一定有很多话说。"

陆小凤站起来，又坐下，他本来是想进去找西门吹雪的，但他却不愿欧阳情把他看成个不知趣的人。

决战已迫在眉睫，生死胜负还未可知，这一别很可能就已成永诀。

他的确也该让他们夫妻安安静静地度过这最后的一个下午，说一些不能让第三者听见的话。

庭院深深，香气浮动，秋色美如梦境，他们岂非也只有两个人，岂非也有很多话要说？

可是他却偏偏想不起该说什么。他好像已变成了个第一次和情人幽会的大孩子。

欧阳情忽然道："这个人你认得？"

陆小凤道："哪个人？"

欧阳情往旁边指了指，陆小凤发现栏杆上摆着个蜡像。王总管的蜡像。

陆小凤想不通她为什么会对这太监的蜡像如此有兴趣："难道你认得这个人？"

欧阳情道："我见过他，他到我们那里去过。"

"她们那里"岂非是个妓院？

陆小凤更奇怪，忍不住道："你知不知道这个人是个太监？"

欧阳情淡淡道："我们那里什么样的客人都有，不但有太监，还有和尚。"

她好像还没有忘记那天的事，还没有忘记陆小凤得罪过她。

陆小凤却似已完全忘了，他心里确实有很多重要的问题要想。

欧阳情又道："到我们那里去的太监，他并不是第一个，那天他也不是一个人去的！"

陆小凤立刻又问道："还有什么人？"

欧阳情道："去的时候，他只有一个人，可是后来又有两个海南派的剑客去找他，好像是早就约好了的。"

陆小凤道："你怎么知道是海南派的剑客？"

欧阳情道："我看得出他们的剑。"

海南剑派的门下，用的剑不但特别狭长，而且形式也很特别。

欧阳情道："我也看出这老头子是个太监，随便他怎么改扮我都看得出。"

陆小凤道："那天孙老爷也在？"

欧阳情道："嗯。"

陆小凤的眼睛亮了。王总管约那两个海南剑派的人在妓院中相见，想必是为了要商量一件很机密的事。

他们发现欧阳情和孙老爷也到了京城，生怕被认出来，所以才要杀了他们灭口，公孙大娘的死，一定也跟这件事有关系。那两个海南剑客，显然就是死在天蚕坛的那两个。

陆小凤长长吐出口气，这条线总算已找了出来，现在他只要能将这条线和别的线连在一起，就可以把这秘密揭穿了。刚才他是不是已找到这条线？一个多时辰就可以做很多事的。

欧阳情忽然又道："只要有太监到我们那里去，我总是会把他们带回我屋里的！"

陆小凤道："为什么？"

欧阳情道："因为他们根本不是男人。"她冷冷地接着道，"愈是没有用的男人，愈喜欢表现得有男人气概，我就算要他们睡在地上，他们也不敢说出来，反而会加倍付钱，因为他们生怕别人知道他们的弱点。"

陆小凤忍不住问道："那天晚上，老实和尚在你房里，也是睡在地上的？"

欧阳情点点头。

陆小凤道："难道他也是个太监？"

欧阳情道："虽然不是太监，也不是男人。"

陆小凤又吐出口气，现在他也明白老实和尚为什么要说谎了。

"没有用"这三个字，无论什么样的男人都会认为是奇耻大辱，所以有些男人宁可付了钱去睡在女人屋里的地上，也不愿别人发现他"没有用"。

老实和尚也是个男人，这点虚荣心连和尚也一样会有的。

欧阳情看着王总管的蜡像，冷笑着道："那天晚上，这老头子连碰都不敢碰我，生怕我发现他是个太监，他一定想不到，就因为我已看出他不是个真正的男人，所以才会留下他。"她脸上忽然露出种很奇怪的表情，忽然问道，"你知不知道为什么直到现在还没有男人碰过我？"

陆小凤摇摇头。

欧阳情道："因为我讨厌男人。"

陆小凤忍不住问道："你也讨厌我？"

欧阳情冷冷地看了他一眼，虽然没有承认，也没有否认，陆小凤笑了。他忽然发现了一件事——欧阳情并没有爱上他，连一点这种意思都没有。

若不是十三姨再三那么样说，陆小凤自己也绝不会这么样想。只不过那些话全都是十三姨说的，她故意要陆小凤认为欧阳情已爱上他，也许只不过是要陆小凤吃下那碟酥油泡螺。欧阳情自己非但没有说过一个字，连一点意思都没有表现过。

发现了这件事，陆小凤心里虽然也有点酸溜溜的，觉得不是滋味，却又不禁松了口气，就好像又卸下了一副担子，他的态度立刻变得自然了，一见钟情这种事，他本来就不很相信。

欧阳情却忍不住问道："你在笑什么？"

陆小凤道："我……我在笑老实和尚，我刚把两个烫手的热山芋抛给了他！"

欧阳情道："热山芋？"

陆小凤道："热山芋就是缎带。"

欧阳情更不懂："什么缎带？"

陆小凤立刻就向她解释，说到司空摘星偷他的缎带时，他又不禁要生气，说到老实和尚，他就哈哈大笑，开心得就像是个孩子。

欧阳情看着他，眼睛里又露出种很奇怪的表情。这个人用两条价值万金的缎带，去换了人家一个馒头，居然还像是占了天大的便宜，开心得要命。她实在也没有见过这种人。

陆小凤道："只可惜你的病还没有完全好，否则我一定替你留一条,让你去开开眼界。"

欧阳情道:"现在你的缎带连一根都没有了?"

陆小凤道:"连半条都没有了。"

欧阳情道:"今天晚上你去不去?"

陆小凤道:"当然要去。"

欧阳情道:"你的缎带呢?"

陆小凤怔住。

直到现在他才想起,他居然竟忘了替自己留下条缎带。难道老实和尚就因为生怕他想起这一点,所以缎带一到手,就逃得比马还快。

看着陆小凤脸上的表情,欧阳情也忍不住扑哧一声笑了。这么糊涂的人,倒还少见得很。

陆小凤愁眉苦脸地坐在那里发了半天怔,忽然跳起来,冲出去。

西门吹雪和孙秀青正好从花径上走过,吃惊地看着他。陆小凤竟连招呼都来不及打,就已从他们面前冲了过去,就好像被人用扫把赶走似的。

孙秀青看着倚在栏杆上的欧阳情,忍不住道:"是不是你把他气走的?"

欧阳情微笑着摇了摇头,她笑得那么甜,无论怎么看,都不像让人生气的样子。

孙秀青道:"是不是你欺负了他?"

欧阳情嫣然道:"这个人用不着别人欺负,他自己会欺负自己。"

孙秀青上上下下看了她几眼,带着笑道:"你对他好像已了解得很快。"

欧阳情道:"我只知道他是个糊涂虫。"

孙秀青道:"但却是最聪明的一个糊涂虫。"

欧阳情道:"他聪明?"

孙秀青道："对他自己的事，他的确很糊涂，因为他从来也没有为自己打算过，若有人真的认为他糊涂，想骗骗他，那个人就要倒霉了。"

欧阳情淡淡道："其实无论他是个聪明人也好，是糊涂虫也好，都跟我一点关系都没有。"

孙秀青眨了眨眼，道："你不喜欢他？"

欧阳情冷笑道："难道你认为所有的女人都应该喜欢他？"

孙秀青道："我不是在说所有的女人，我是在说你！"

欧阳情道："你为什么不说说别的事？"

孙秀青道："你对他没兴趣？"

欧阳情道："没有。"

孙秀青又笑了，道："你用不着瞒我，我看得出。"她摸着自己的肚子，眼睛里闪动着幸福而骄傲的光，微笑着又道，"我不但也是个女人，而且快有孩子了，像你们这种小姑娘，随便什么事都休想能瞒得过我的。"

欧阳情不说话了，苍白的脸上却泛起了红晕。

西门吹雪忽然道："你们女人真奇怪。"

孙秀青道："有什么奇怪？"

西门吹雪道："你们心里愈喜欢一个男人，表面上愈要装出冷冰冰的样子，我实在不懂你们这是为什么！"

孙秀青道："你要我们怎么样？难道要我们一见到喜欢的男人，就跳到他怀里去？"

西门吹雪道："你们至少可以对他温柔一点，不要把他吓走。"

孙秀青道："我刚认得你的时候，对你温不温柔？"

西门吹雪道："不温柔。"

孙秀青道："可是你并没有被我吓走。"

西门吹雪看着她，眼睛里又露出温暖的笑意，道："像我这种男人，是谁也吓不走的！"

孙秀青嫣然道："这就对了，女人喜欢的，就是你这种男人。"

她走过去，握住了西门吹雪的手，柔声道："因为女人像羚羊一样，是要人去追的，你若没有勇气去追她，就只有看着她在你面前跑来跑去，永远也休想得到那双宝贵的角。"

西门吹雪微笑道："现在你已把你的角给了我？"

孙秀青轻轻地叹了口气，道："现在我也连皮带骨都给了你。"

他们互相依偎着，静静地站在九月的夕阳下，似已忘记了旁边还有人在看着，似已忘了这整个世界。

夕阳虽好，却已近黄昏。他们还能这么样依偎多久？

欧阳情远远地看着他们，心里虽然在为他们的幸福而欢愉，却又觉得有种说不出的恐惧，为他们的幸福而恐惧。

因为她早已知道西门吹雪这个人，也早已知道西门吹雪的剑。他的剑，本不是属于凡人的。

一个有血肉、有感情的人，绝对使不出那种锋锐无情的剑法，那种剑法几乎已接近"神"。

西门吹雪本就不是个有情感、有血肉的凡人，他的生命已奉献给他的剑，他的人已与他的剑融为一体，也已接近"神"。

可是现在他已变成了一个平凡的人，已有了血肉，有了感情，他是不是还能使得出他那种无情的剑法？他能不能击败叶孤城？

夕阳虽好，却已将西沉，月亮很快就要升起来，今夜的月亮，势必要被一个人的血映红。那会是谁的血？

第十章

月圆之夜

01

九月十五日,黄昏。夕阳艳丽,彩霞满天。陆小凤从合芳斋的后巷中冲出来,沿着已被夕阳映红的街道大步前行!

他一定要在月亮升起前找回一条缎带,今夜的决战,他绝不能置身事外。绝不能!

因为叶孤城和西门吹雪都是他的朋友,因为他发现,就在今夜的圆月下,就在他们的决战之时,必定会有件惊人的事发生,甚至比这次决战更惊人。

已送出去的缎带,当然不能再要回来,可是被偷走的缎带就不同了,被人偷走的东西不但可以要回来,也可以偷回来,甚至可以抢回来。他已决定不择手段。现在唯一的问题是,要怎么才能找到司空摘星!

这个人就像是风一样,也许比风更不可捉摸,不想找他的人,虽然常常会遇见他,想找他的人,却永远也找不到。

幸好陆小凤总算有条线索,他还记得司空摘星刚才是从一家药材铺走出来的,那家药材铺的字号是"老庆余堂"。

司空摘星一向无病无疼,比大多数被他害过的人都健康得多,当然不会去买药吃。他既然是从一家药铺走出来的,这家药铺就多多少少总跟他有点关系。

"老庆余堂"的金字招牌,在夕阳下闪闪地发着光,一个孩子站在门口踢毽子,看见陆小凤走过来,就立刻把两根手指伸进嘴里,打了个呼哨。

街前街后,左邻右舍,忽然间就有十来个孩子奔了出来,看着陆小凤嘻嘻地笑。

他们还认得陆小凤,当然也还记得那首可以把人气死,又可以把人笑死的儿歌。

陆小凤也在笑,他以为这些孩子一定又准备唱"司空摘星,是个猴精"了。

谁知孩子们竟拍手高歌:

> 小凤不是凤,是个大臭虫,
> 臭虫脑袋尖,专门会钻洞,
> 洞里狗拉屎,他就吃狗屎,
> 狗屎一吃一大堆,臭虫吃了也会飞。

这是什么词儿?简直不像话。

陆小凤又好笑,又好气,却忘了他编的词儿也并不比这些词儿高明,也很不像话。

他当然知道是谁编的,司空摘星显然又来过这里。

好不容易等到这些孩子停住了口,他立刻问道:"那个白头发的老头子是不是又来过了?"

孩子们点着头,抢着道:"这首歌就是他教我们唱的,他说你最喜欢听这首歌了,我们若是唱得好,你一定会买糖给我们吃。"

陆小凤的肚子又几乎要被气破,挨了骂之后,还要买糖请客,这种事有谁肯做?

孩子们眨着大眼睛,又在问:"我们唱得好不好?"

陆小凤只有点点头道:"好,好极了。"

孩子们道:"你买不买糖给我们吃?"

陆小凤叹了口气,苦笑道:"我买,当然买。"

没有人肯做的事,陆小凤却往往会肯的,他怎么能让这些天真的孩子们失望?他果然立刻就去买糖,买了好多好多糖,看见孩子们拍手欢呼,他自己心里也觉得甜甜的,比吃了三百八十斤糖还甜。

孩子们拉着他的衣角,欢呼着道:"那老公公说的不错,大叔你果然是个好人。"

陆小凤很奇怪,道:"他居然会说我是好人?"

孩子们道:"他说你小的时候就很乖。"

陆小凤更奇怪,道:"他怎么知道我小时候乖不乖?"

孩子们道:"他看着你从小长到大,还抱你撒过尿,他当然知道。"

陆小凤恨得牙痒痒的,只恨不得把那猴精用绳子绑起来,用毛竹板子重重地打。

孩子们道:"那老公公刚才还在这里,大叔你若早来一步,说不定就遇上他了。"

陆小凤道:"现在他的人呢?"

孩子们道:"又飞了,飞得好高好高,大叔你飞得有没有他高?"

陆小凤拍拍衣襟,道:"我自己也不知道,你们现在最好看着我,看看是谁飞得高。"

司空摘星既然已不在这里,他也准备飞了。

谁知孩子们却又在抢着道:"大叔你慢点走,我们还有件事忘了告诉你。"

"什么事？"

"那老公公留了个小包在这里，你请我们吃糖，他就叫我们把这小包交给你，你若不请，他就叫我们把这小包丢到阴沟里去。"

一个跑得最快的孩子，已跑回药材铺，提了个小包袱出来，陆小凤做梦也没有想到，包袱里包着的，竟是两条缎带。

缎带在夕阳下看来已变成了红的，除了缎带之外，还有张纸条："偷你一条，还你两条，我是猴精，你是臭虫，你打我屁股，我请你吃屎。"

陆小凤笑了，大笑："这小子果然从来也不肯吃亏。"他既然已将缎带偷走了，为什么又送了回来？还有一条缎带是哪里来的？

这些问题陆小凤都没有去想，看见了这两条踏破铁鞋无觅处的缎带，居然一点功夫都不花就到了他手里，他简直比孩子看见糖还高兴："你们看着，是谁飞得高？"

他大笑着，凌空翻了三个跟斗，掠上屋脊，只听孩子们在下面拍手欢呼："是你飞得高，比那老公公还高！"

孩子们眼明嘴快，说的话当然绝不会假。陆小凤心里更愉快，只觉得身子轻飘飘的，就好像长了双翅膀一样，几乎已可飞到月亮里去了。

月亮虽然还没有升起，夕阳却已看不见了。

02

夕阳西下，夜色渐临，陆小凤又从后巷溜回了合芳斋，窗子里已亮起灯，灯光柔和而安静，窗子是开着的，从花丛间远远地看过去，就可以看见孙秀青和欧阳情。

她们都是非常美丽的女人，在灯下看来更美，可是她们脸上，却带着种说不出的悲伤，连灯光都仿佛也变得很凄凉，西门吹雪莫非已走了？

他当然已走了，屋子里只有这盏孤灯陪伴着她们。门也是虚掩着的，陆小凤居然忘了敲门，他心里也很沉重，西门吹雪是什么时候走的？

陆小凤想问，却没有问，他不敢问，也不忍问。桌上有三只空杯，一壶酒，他自己已倒了一杯，慢慢地喝下去，又倒了一杯，很快地喝下去。

孙秀青忽然道："他走了。"

陆小凤道："我知道。"

孙秀青道："他说要提早一点走，先出城去，再从城外进来，让别人认为他一直都是不在京城里！"

陆小凤道："我明白。"

孙秀青道："他希望你也快点去，因为他……他没有别的朋友。"

陆小凤说不出话了，孙秀青也没有再说什么，转过头，凝视着窗外的夜色。夜色更深，一轮圆月已慢慢地升起，风也渐渐地凉了。

也不知过了多久，孙秀青才轻轻地说道："今天的夕阳很美，比平时美得多，可是很快就看不见了。"她闭上眼睛，泪珠已落，又过了很久，才接着道，"美丽的事，为什么总是分外短暂？为什么总是不肯在人间多留片刻？"

她是问苍天？还是在问陆小凤？陆小凤实在不知道应该怎么回答，这问题根本就没有人能回答。

他又喝了杯酒，才勉强笑了笑，道："我也走了，我一定会把他带回来！"

他不敢再说别的话，也不敢去看欧阳情！多出来的一条缎带，他本来是准备给欧阳情的，让她也去看看那百年难遇的决战。

可是现在他连提都没有提起这件事。他知道欧阳情一定会留下来陪着孙秀青,他了解孙秀青的心情,那绝不是焦急、恐惧、悲伤……这些话所能形容的。现在他唯一的希望,就是真的能把西门吹雪带回来。

他正准备走出去的时候,欧阳情忽然拉住了他的手,他回过头,就看见了她的眼睛,眼睛里已有了泪光,就算是呆子,也应该看得出她的关怀和情意。陆小凤当然也看得出来,却几乎不能相信——现在看着他的这个欧阳情,真的就是刚才那个冷冰冰的欧阳情!

她为什么忽然变了?直到现在,陆小凤才发现自己对女人的了解,实在少得可怜。

幸好他总算知道,一个女人若是真的讨厌一个男人,绝不会用这种眼色看他,更不会拉他的手。

她的手冰冷,却握得很用力。因为她也直到现在才了解,一个女人失去她心爱的男人时,是多么痛苦和悲哀。

两个人就这么样互相凝视着,过了很久,欧阳情才轻轻地问道:"你也会回来?"

陆小凤道:"我一定会回来!"

欧阳情道:"一定?"

陆小凤道:"一定!"

欧阳情垂下头,终于慢慢地放开了他的手,道:"我等你。"

我等你。一个男人若是知道有个女人在等着他,那种感觉绝不是任何事所能代替的。

我等你。这是多么温柔美妙的三个字。陆小凤仿佛已醉了,他醉的并不是酒,而是她那种比酒更浓的情意。

03

明月在天。陆小凤又有了个难题——他一定要把身上多出来的一条缎带送出去,却不知道送给谁。所有够资格佩上这缎带的人,他连一个都看不见。

街上的人倒不少,酒楼茶馆里的人更多,三教九流,五花八门,各式各样的人都有,三三两两地聚在一起,窃窃私议。

陆小凤用不着去听他们说什么,就知道他们必定是在等着今夜一战的消息,其中有很多人,必定已在西门吹雪和叶孤城身上买下了赌注。

这一战的影响力不但已轰动武林,而且已深入到京城的下层社会里,古往今来武林高手的决战,从来也没有发生这种情况。

陆小凤觉得很好笑,他相信西门吹雪和叶孤城自己若是知道了,也一定会觉得很好笑。

就在这时,他看见一个人从对面一家茶馆里走出来。这人很高、很瘦、穿着极考究、态度又极斯文,两鬓斑斑,面容清癯,穿着件质料颜色都很高雅的宝蓝色长袍,竟是"城南老杜"杜桐轩。

这里虽然已不是李燕北的地盘,却还是和杜桐轩对立的,他怎么会忽然又出现在这里?而且连一个随从保镖都没有带。

陆小凤忽然赶过去,拍了拍他的肩,道:"杜学士,你好!"

杜桐轩一惊,回头,看见了陆小凤,也勉强笑了笑,道:"托福托福!"

陆小凤道:"你那位保镖呢?"他说的当然就是那倏忽来去、神秘诡异的黑衣人。

杜桐轩道:"他走了!"

陆小凤道:"为什么要走?"

杜桐轩道:"小池里养不下大鱼,他当然要走!"

陆小凤眼珠子转了转,故意压低声音,道:"你一个人就敢闯入李燕北的地盘,我佩服你!"

杜桐轩笑了笑,淡淡道:"这里好像已不是李老大的地盘。"

陆小凤道:"他虽然已死了,可是他还有一班兄弟!"

杜桐轩道:"一个人死了,连妻子都可以改嫁,何况兄弟!"听到了李燕北的死讯,他脸上连一点惊讶的样子都没有。

陆小凤也笑了笑,道:"看来你不但已知道李老大死了,也知道他的兄弟都投入了白云观!"

杜桐轩面无表情,冷冷道:"干我们这一行,消息若不灵通,死得就一定很快。"

陆小凤道:"顾青枫莫非是你的朋友?"

杜桐轩道:"虽然不是朋友,倒也不能算是冤家对头!"

陆小凤笑道:"这就难怪你会一个人来了。"

杜桐轩道:"阁下若有空,随时都可以到城南去,无论多少人去都欢迎!"

陆小凤眼珠子又转了转,道:"你既然已在叶孤城身上下了重注,今夜的这一战,你一定也想去看看的!"

杜桐轩没有否认,也没有承认。

陆小凤道:"我这里还多出条缎带,你若有兴趣,我可以送给你!"

杜桐轩沉默着,仿佛在考虑,过了很久,忽然道:"卜巨卜老大也在这茶馆里。"

陆小凤道:"哦?"

杜桐轩道:"你为什么不将多出来的一条缎带去送给他?"

陆小凤怔住。

这缎带别人千方百计,求之不得,现在他情愿白送出去,杜桐轩居然不要。

杜桐轩拱了拱手,道:"阁下若没有别的指教,我就告辞了,幸会幸会!"

他居然说走就走,毫无留恋。

陆小凤怔了半天,抬起头,才发现卜巨也从茶馆里走出来,看了他一眼,又看了看他肩上的缎带,忽然笑道:"阁下的缎带还没有卖光。"

他笑得很古怪,笑容中好像带着种说不出的讥讽之意。

陆小凤道:"我这缎带是不卖的,却可以送人,你若还想要,我也可以送给你!"

卜巨看着他,笑得更古怪,道:"只可惜我不喜欢磕头。"

陆小凤道:"用不着磕头。"

卜巨道:"真的?"

陆小凤道:"当然是真的。"

卜巨道:"真的我也不要。"

他忽然沉下了脸,拂袖而去,连看都不再看陆小凤一眼。

陆小凤又怔住,这个人上午还不惜以三块玉璧来换一条缎带,现在却连白送都不要了。

陆小凤实在想不通这是怎么回事,也没空再去想了,圆月已升起,他一定要尽快赶入紫禁城,他绝不能去迟。

04

太和殿就在太和门里,太和门外的金水玉带河,在月光下看来,就像是金水玉带一样。

陆小凤踏着月色过了天街,入东华门、隆宗门,转进龙楼凤阙下的午门,终于到了这禁地中的禁地,城中的城。

一路上的巡卒守卫,三步一岗,五步一哨,若没有这种变色的缎带,无论谁想闯进来都很难,就算能到了这里,也休想再越雷池一步。

这地方虽然四下看不见人影,可是黑暗中到处都可能有大内中的侍卫高手潜伏。

大内藏龙卧虎,有的是专诚礼聘来的武林高人,有的是胸怀大志的少年英雄,也有的是为了躲仇家,避风头,暂时藏身在这里的江洋大盗,无论谁也不敢低估了他们的实力。

月光下,只有一个人盘膝坐在玉带河上的玉带桥下,头顶在发着光!

"老实和尚。"陆小凤立刻赶过去,笑道,"和尚来得倒真早。"

老实和尚在啃馒头,看见陆小凤,赶紧把馒头藏起来,嘴里含含糊糊地"嗯"了一声,只希望陆小凤没看见他的馒头。

陆小凤却又笑道:"看见了你手上的东西,我才想起了一件事。"

老实和尚道:"什么事?"

陆小凤道:"想起了我又忘了吃晚饭。"

老实和尚翻了翻白眼,道:"你是不是又想来骗和尚的馒头?"

陆小凤瞪眼道:"我几时骗过你?两条缎带换一个馒头,你难道还觉得吃了亏？"

老实和尚眼珠子转了一转，忽然也笑了，道："和尚不说谎，和尚身上现在还有三个半馒头，你想不想换？"

陆小凤道："想！"

老实和尚道："你想用什么来换？"

陆小凤道："我全副家当都在身上，你要什么，我就给你什么。"

老实和尚上上下下看了他两眼，苦笑道："看来你的家当也并不比和尚多。"

陆小凤笑道："我至少比和尚多两撇胡子，几千根头发。"

老实和尚道："你的头发胡子和尚都不要，和尚只要你答应一件事，就把馒头分你一半。"

陆小凤道："什么事？"

老实和尚道："只要你下次见到和尚，装作不认得，和尚就天下太平了。"

陆小凤大笑，拍了拍他的肩头，在他旁边坐下来，还在不停地笑。

老实和尚道："你答不答应？"

陆小凤道："不答应！"

老实和尚道："你不想吃馒头了？"

陆小凤道："想。"

老实和尚道："那么你为什么不答应？"

陆小凤道："因为我已有了馒头。"

老实和尚怔了怔，道："你的馒头是从哪里来的？"

陆小凤道："是从司空摘星那里来的！"

老实和尚又怔了一怔，道："司空摘星？"

陆小凤笑道："若不是我跟他学了两手，怎么能偷到和尚的馒头？

所以馒头当然是从他那里来的！"

老实和尚说不出话了，他已发觉身上的馒头少了一个。

馒头已在陆小凤手里，就好像变戏法一样，忽然就变了出来。

老实和尚叹了口气，喃喃道："这个人什么事不好学，却偏偏要去学做小偷。"

陆小凤笑道："小偷至少不挨饿。"他先把半个馒头塞进嘴里去，然后问道："你坐在这里等什么？"

老实和尚板着脸，道："等皇帝老爷睡着。"

陆小凤道："现在我们还不能进去？"

老实和尚道："不能。"

陆小凤道："我们要等到什么时候？"

老实和尚道："到时候你就会知道的！"

陆小凤站起来，四下看了一眼，道："西门吹雪和叶孤城来了没有？"

老实和尚道："不知道。"

陆小凤道："别的人呢？"

老实和尚道："不知道。"

陆小凤道："你连一个人都没有看见？"

老实和尚道："只看见了一个半人。"

陆小凤道："一个半人？"

老实和尚道："一个人是殷羡，就是他要我在这里等的！"

陆小凤道："半个人是谁？"

老实和尚道："是你，你最多只能算半个人。"

陆小凤又笑了，只见黑暗中忽然出现一条人影，身形如飞，施展的竟是内家正宗"八步赶蝉"轻功，接连几个起落，已到了眼前，青衣布袜，白发萧萧，正是武当名宿木道人。

陆小凤笑道:"和尚果然老实,居然没有把道士的东西吞下去。"

老实和尚道:"和尚只会吞馒头,馒头却常常会被人偷走!"

木道人瞟了陆小凤一眼,故意皱眉道:"是什么人这么没出息,连和尚的馒头也要偷。"

陆小凤道:"只要有机会,道士的东西我也一样会偷的!"

木道人也笑了,道:"至少这个人还算老实,居然肯不打自招。"

就在这时,黑暗中又出现了一条人影。

陆小凤只看了一眼,就皱起眉,道:"还有条缎带你给了谁?"

老实和尚道:"给了严人英。"

木道人立刻道:"这人不是严人英。"

老实和尚道:"也不是唐天纵,更不是司马紫衣。"

这人的身法很奇特,双袍飘飘,就好像是借着风力吹来的,他自己连一点力气都舍不得使出来。

严人英、唐天纵、司马紫衣,都没有这么高的轻功,事实上,江湖中有这么高轻功的人,加上陆小凤最多也只不过三五个。

老实和尚道:"这人是谁?"

陆小凤道:"他不是人,连半个人都不能算,完全是个猴精。"

这句话还没有说完,黑暗中的人影忽然旗花火箭般直蹿了过来,衣袂带风,猎猎作响,好像要一头撞在陆小凤身上,刚冲到陆小凤面前,忽然又凌空翻了三个跟斗,轻飘飘地落下!满头白发苍苍,弯着腰不停地咳嗽。

陆小凤板着脸,道:"你们知不知道这猴精是谁?"

木道人微笑道:"司空摘星,是个猴精,我下午已经听见过了。"

司空摘星叹了口气,道:"看来我的易容术好像已变得一点用都没有!"

木道人道:"你不该施展这种轻功的,除了司空摘星外,谁有这么高的轻功？"

陆小凤道："我！"

司空摘星笑道："狗屎一吃一大堆，臭虫吃了也会飞。"

陆小凤故意装作听不见，瞪着他身上的缎带，道："你偷了我一条，还了我两条。"

司空摘星道："我这人一向够朋友，知道你忘了替自己留下一条，就特地替你找了两条。"

陆小凤道："你是从哪里找来的？"

司空摘星道："莫忘记我是偷王之王！"

陆小凤道："难道你把司马紫衣和唐天纵的都偷了来？"

司空摘星笑了笑，忽然伸手向前面一指，道："你看看前面来的是谁？"

远方又有两条人影掠过来，左边的一个人身形纵起时双肩上耸，好像随时都在准备掏暗器，用的正是唐家独门轻功身法。右边的一个人身法却显得很笨拙，好像因为硬功练得太久，若不是唐天纵特地等他，早已远远落在后面。

老实和尚道："唐家的少爷果然来了！"

木道人道："还有一个人是谁？"

老实和尚道："是卜巨。"来的果然是卜巨，看见陆小凤，他脸上又露出那种带着讥讽的微笑，好像是在向陆小凤示威——你不给老子缎带，老子还是来了。

他身上居然也系着条缎带，颜色奇特，在月光下看来，忽而浅紫，忽而银灰，无疑也是用变色绸做成的，这种缎带本来只有六条，陆小凤身上两条，老实和尚、木道人、司空摘星各一条，再加上他们两条，已变成七条。

六条缎带怎么会变成七条？多出来的这条是哪里来的？

卜巨得意洋洋地走上桥头，唐天纵脸色铁青，连眼角都没有看陆小凤。

陆小凤知道就算问他们，他们也不会说，何况这时他已没时间去问。

太和门里，已蹿出条人影，背后斜背长剑，一身御前带刀侍卫的服饰，穿在他身上竟嫌小了些，最近他显然又发福了，但他的身法却还是很灵活轻健，正是大内高手中的殷羡殷三爷。

他的脸色也是铁青的，沉着脸道："我知道诸位都是武林中顶尖儿的人物，可是诸位知不知道这里是什么地方？这里可不是茶馆，诸位要聊天说笑，可来错地方了。"

他的人一来，就先打了顿官腔，大家也只好听着，这件事他们担的关系实在很大，心情难免会紧张，脾气也就难免暴躁些。何况，这里的确也不是聊天说笑的地方。

殷羡脸色总算和缓了些，看了看这六个人，道："现在诸位既然已全都到了，就请进去吧，过了大月台，里面那个大殿，就是太和殿。"

木道人道："也就是金銮殿？"

殷羡点点头，道："皇城里最高的就是太和殿，那两位大爷既然一定要在紫禁之巅上过手，诸位也不妨先上去等着。"

他看了看卜巨，又看了看其中一个连腰都直不起来的白发老头子，冷冷道："诸位既然敢来，轻功当然全都有两下子，可是我还想提醒诸位一声，那地方可不像平常人家的屋顶，能够上去已算不容易，上面铺着的又是滑不留脚的琉璃瓦，诸位脚底下可得留点神，万一从上面摔下来，大家的漏子都不小。"

卜巨的脸色很沉重，已笑不出来，司空摘星好像也在偷偷地叹气，陆小凤一直到现在连开口的机会都没有。

现在他刚想开口，殷羡忽然道："你暂时先别上去，还有个人在等着你。"

陆小凤道:"谁?"

殷羡道:"你若想见他,就跟我来。"

他双臂一振,旱地拔葱,身子斜斜地蹿了出去,好像有意在这些人面前显露一下他的轻功。

他的轻功确实不弱,一蹿之势,已出去三四丈。陆小凤远远地在他后面跟着,并不想压住他的风头,殷羡更有心卖弄,又一个翻身,竟施展出燕子飞云的绝顶轻功。

谁知他身形刚施展,突听"飕"的一声,一个人轻飘飘地从他身旁掠过,毫不费力就赶过了他,却是那连腰都直不起来的白发老头子。

05

一进了太和门,陆小凤的心情就不同了,非但再也笑不出,连呼吸都轻了些。天威难犯,九重天子的威严,还是他们这些武林豪杰不敢轻犯的。

就连陆小凤都不敢,丹墀下的两列品级台,看来虽然只不过是平平常常的几十块石头,可是想到大朝贺时,文武百官分列左右,垂首肃立,等着天子传呼时的景象,陆小凤也不禁觉得身子里的血在发热。

世上的奇才异士,英雄好汉,绞尽脑汁,费尽心血,有的甚至不惜拼了性命,为的也只不过是想到这品级台上来站一站。

丹墀后的太和殿,更是气象庄严,抬头望去,闪闪生光的殿脊,仿佛矗立在云端。太和殿旁是保和殿。保和殿旁、干清门外的台阶西边,靠北墙有三间平房,黑漆的门紧闭,窗子里隐约有灯光映出来,暗淡的灯光照着门上挂的一块白柚木牌,上面赫然竟写着四个触目惊心的大字:"妄入者斩!"

　　殷羡居然就把陆小凤带到了这里,居然就在这道门停下,道:"有人在里面等你,你进去吧!"

　　陆小凤立刻摇了摇头,苦笑道:"我还认得字,我也不想被人斩掉脑袋。"

　　殷羡也笑了笑,道:"我叫你进去,天大的关系,也有我担当,你怕什么?"

　　陆小凤看着他,看起来他倒不像要害人的样子,可是到了这种掌管天下大事的内阁重地,陆小凤也不能不特别谨慎,还是宁可站在外面。

　　殷羡又笑了笑,道:"你是不是想不出谁在里面等你?"

　　陆小凤摇摇头,道:"究竟是谁?"

　　殷羡道:"西门吹雪。"

　　陆小凤怔了怔,道:"他怎么进去的?"

　　殷羡四下看了看,压低声音,道:"我们也都在他身上下了注,对他当然不能不优待些,先让他好好地歇着,才有精神去接住那一招'天外飞仙'。"

　　陆小凤也笑了。

　　殷羡又道:"这地方虽然是机密重地,可是现在皇上已就寝了,距离早朝的时候也还早,除了我们这些侍卫老爷,绝不会有别人到这里来!"他带着笑,拍了拍陆小凤的肩,又道,"所以你只管放心进去吧,若有什么对付叶孤城的绝招,也不妨教给他两手,反正我们都是站在他这边的!"

　　刚才虽然官腔十足,现在却像是变了个人,连笑都显得亲切,而且还替陆小凤推开了门。

　　陆小凤也微笑着拍了拍他的肩,轻轻道:"几时你有空到外面,我请你喝酒。"

屋子并不大，陈设也很简陋，却自然有种庄严肃杀之气，世上千千万万人的生死荣辱，在这里轻描淡写的一句话就决定了。

无论谁第一次走进这屋子，都无疑是他一生中最兴奋的时候。陆小凤悄悄地走进来，心跳得也仿佛比平时快了很多。

西门吹雪正背负着双手，静静地站在小窗下，一身白衣如雪，他当然听见有人推门进来，却没有回头，好像已知道来的一定是陆小凤。

陆小凤也没有开口。

门已掩起，灯光如豆，屋子里阴森而潮湿，他只觉得手脚也是冰冷的，很想喝杯酒，这地方当然没有酒，但却也不知道有多少人的辛酸血泪。

陆小凤在心里叹了口气，终于明白自己并不是天下烦恼最多的人，天天要到这屋子来的那些人，烦恼都远比他多得多。

西门吹雪还是没有回头，却忽然道："你又到我那里去过？"

陆小凤道："刚去过。"

西门吹雪道："你已见过她？"

陆小凤道："嗯。"

西门吹雪道："她……她是不是还能撑得住？"

陆小凤勉强笑了笑，道："你也该知道她并不是个柔弱的女人，三英四秀在江湖中的名头，并不见得比我们差！"

他脸上虽在笑，心却已沉了下去。决战已迫在眉睫，决定他生死命运的时刻就在眼前，可是这个人心里却还在挂念着他的妻子，甚至连他的剑都放了下来！

陆小凤几乎不能相信这个人就是以前那个西门吹雪，但他又不禁觉得有些安慰，因为西门吹雪毕竟也变成有血有肉的人了。

西门吹雪霍然回过头,看着他,道:"我们是不是朋友?"

陆小凤道:"是!"

西门吹雪道:"我若死了,你肯不肯替我照顾她?"

陆小凤道:"不肯。"

西门吹雪的脸色更苍白,变色道:"你不肯?"

陆小凤道:"我不肯,只因为你现在已变得不像是我的朋友了,我的朋友都是男子汉,绝不会未求生,先求死的。"

西门吹雪道:"我并未求死。"

陆小凤冷笑道:"可是你现在心里想的却只有死,你为什么不想想你以前的辉煌战绩,为什么不想想击败叶孤城的法子?"

西门吹雪瞪着他,过了很久,才低下头,凝视着桌上的剑,他忽然拔出了他的剑。

他拔剑的手法还是那么迅速,那么优美,世上绝没有第二个人能比得上。

司马紫衣拔剑的动作虽然也很轻捷巧妙,可是跟他比起来,却像是屠夫从死猪身上拔刀。

陆小凤忽然也问道:"我是不是你的朋友?"

西门吹雪迟疑着,终于点了点头。

陆小凤道:"我说的话,你信不信?"

西门吹雪又点点头。

陆小凤道:"那么我告诉你,我几乎有把握接住世上所有剑客的出手一击,只有一个是例外。"

他盯着西门吹雪的眼睛,慢慢地接着道:"这个人就是你!"

西门吹雪凝视着手里的剑,苍白的脸上,忽然露出种奇异的红晕。

灯光似已忽然亮了些,剑上的光华也更亮了。

陆小凤立刻觉得有股森严的剑气,直迫他眉睫而来,他知道西门吹雪恢复了信心。

对一个情绪低落的人来说,朋友的一句鼓励,甚至比世上所有的良药都有用。

陆小凤目中露出笑意,什么话都没有再说,轻轻地转身走了出去。

门外月明如水!

九月十五日,夜。

月明如水。

陆小凤从那扇"妄入者死"的黑漆门中走出来,沿着北墙下的阴影,走向太和殿,正想找个合适的地方掠上去,忽然发现大殿的阴影下,居然有个人动也不动地站在那里,显得说不出的孤独颓废。

他用不着再看第二眼,就知道这个人是卜巨,他已看出卜巨的轻功并不高,要掠上这飞阙入云的金銮殿,却一定要有绝顶的轻功。

卜巨刚才对他那种笑容,他还没有忘记,他想过去对卜巨那么样笑一笑,可是他走过去的时候,脸上露出的却只有同情和安慰。

只不过同情有时也像讥讽一样伤人。

卜巨看了他一眼,霍然扭转头。

陆小凤忽然道:"从前有只麻雀,总觉得自己很了不起,因为它会飞上天,它看见条老虎,就要和老虎比比,看谁飞得高,你知不知道老虎怎么办?"

卜巨摇摇头。

他本来已准备要走的,可是他想不通陆小凤为什么会说起故事来,不由自主也想听下去。好奇心本是人人都有的。

陆小凤道:"老虎当然不会飞,它只不过吹了口气,就把麻雀吞下肚去。"

他笑了笑，道："从那次之后，再也没有麻雀去找老虎比飞了，因为麻雀倒也已明白，能飞得高的，并不一定就是了不起的英雄好汉。"

卜巨也笑了，笑容中充满了感激，心里充满了温暖，他忽然发现陆小凤并不是他以前想象中的那种混蛋。

陆小凤拍了拍他的肩，道："你有没有看过老虎爬绳子？"

卜巨道："没有。"

陆小凤道："我也没有，可是我想看看。"

卜巨道："你有没有看见过身上带着绳子的老虎？"

陆小凤道："没有。"

卜巨道："那么现在你就已看见了。"

他身上本就准备了条长索，却一直没有勇气拿出来，他宁死也不愿丢人。

陆小凤微笑着接过绳子，抬起头轻轻吐出口气，苦笑道："这上面只怕连麻雀都未必飞得上去。"

从下面看上去，太和殿的飞檐，就像是个钩子，连月亮都可以钩住。

这么高的地方，天下绝没有任何人能一掠而上，陆小凤也不能。

可是他有法子。

卜巨从下面看着他，只见他忽而如壁虎游墙，忽而如灵猿跃枝，接连几个起落后就已看不见了。

别人都是从前面上去的，他并没有看见，因为那时候他已一个人偷偷地溜到后面来，但他却相信他们的轻功绝对比不上陆小凤。

因为他已将陆小凤当作自己的朋友。

飞檐上已有长索垂下，他心里觉得更温暖！——能交到陆小凤这种朋友，实在真不错。

大殿上铺满了黄金般的琉璃瓦，在月下看来，就像是一片黄金世界。

陆小凤将长索系上飞檐，转过头，忽然怔住了！

这上面本来应该只有五个人，可是他一眼看过去，就已看见十三四个，每个人身上都有条变色的缎带，其中还不包括他所知道的那五个人，老实和尚还在殿脊另一边。

他并没有看清这些人的脸，高耸的殿脊后，已有个人蹲过来，脸色苍白，面带冷笑，正是大内四高手中的丁四爷丁敖。

陆小凤忍不住问道："这是怎么回事？"

丁敖冷笑道："我正想问你。"

陆小凤道："问我？"

丁敖道："我们交给你几条缎带？"

陆小凤道："六条。"

丁敖道："现在来的人却已有二十一个，他们这些缎带是从哪里来的？"

陆小凤叹了口气，苦笑道："我也正想问你。"

殿脊上又有两个人走过来，殷羡走在前面，后面的是"潇湘剑客"魏子云。

殷羡走得很快，显得很紧张，魏子云却是气度安闲，步履从容。

在这种陡如急坡，滑如坚冰的琉璃瓦上，要慢慢地走远比奔跑纵跳困难，在这种情况下，还能保持从容镇定更不容易。

陆小凤已看出这位号称大内第一高手的"潇湘剑客"，绝不是空有虚名的人，他的武功和定力，都绝不在任何一位武林名家之下。

殷羡冲过来，沉声道："你们问来问去，问出了什么没有？"

陆小凤苦笑着摇摇头。

魏子云道:"这种事本来不是三言两语就能问得出来的,现在也不是追根究底的时候。"

殷羡道:"现在我们应该怎么办?"

魏子云道:"加强戒备,以防有变。"

他沉吟着,又道:"你传话下去,把这地方的守卫暗卡全都增加一倍,不许任何人随意走动。"

殷羡道:"是。"

魏子云道:"老四去调集人手,必要时我们不妨将干清门侍卫和里面轮休的人也调出来,从现在起,无论谁都只许走出去,不许进来。"

丁敖道:"是。"

他们显然已经练成了一种特别的身法,上下大殿,身子一翻,就没入飞檐后。

魏子云这才抬起头,对陆小凤笑了笑,道:"我们四面去看看如何?"

陆小凤道:"好极了。"

这地方并不是一眼就能看得完的,看来也不似是间屋顶,却有点像是片广场,中间有屋脊隆起,又像是片山坡。

这边的人一共有十三个,大多数都是单独一个人站在那里,静候决战开始,绝不跟别的人交谈。

他们身上都没有带兵刃,帽子都压得很低,有的脸上仿佛戴着极精巧的人皮面具,显然都不愿被人认出他们本来面目。

魏子云和陆小凤从他们面前走过去,他们也好像没有看见。

这些人是什么来历?行踪为什么如此诡秘?

魏子云还是走得很慢,说话的声音也很低,缓缓道:"你能不能看出他们的身份来历?"

陆小凤摇摇头。

魏子云道:"以我看,这些人很可能都是黑道上的朋友。"

陆小凤道:"哦?"

魏子云道:"这两天京城里黑道朋友也到了不少,据说其中有几位是早已金盆洗手的前辈豪杰,也有几位是身背重案,又有极厉害仇家的隐名高手,都久已不曾在江湖中走动。"

陆小凤道:"这就难怪他们不愿以真面目示人了。"

魏子云道:"这些人行踪秘密,来意却不恶,也许只不过因为静极思动,想来看当代两位名剑客的身手风采。"

陆小凤叹了口气,道:"但愿如此。"

魏子云道:"令我想不通的是,他们身上怎么也会有这种缎带?"

陆小凤沉吟着,道:"除了皇宫大内外,别的地方绝没有这种缎带?"

魏子云道:"绝没有。"

他又解释着道:"这种变色缎还是大行皇帝在世时,从波斯进贡来的,本就不多,近年来已只剩下一两匹,连宫里的姑娘都很珍惜。"

陆小凤不说话了,他忽然想起了司空摘星。

魏子云道:"我倒也知道有位'偷王之王'已到了京城,而且已到了这里。"

陆小凤忍不住道:"你认为缎带是他盗出去的?"

魏子云笑了笑,道:"这件事我们昨天早上才决定,在我们决定之前,这种缎带在他眼中看来,绝不会有什么价值,他当然不会冒险来偷盗。"

陆小凤道:"可是昨天晚上……"

魏子云淡淡道:"昨天晚上我们四个人都在里面,通宵未睡,轮流当值,就算有只苍蝇飞进来,我们也不会让它再飞出去。"

他声音里充满自信，陆小凤松了口气，道："所以你并没有怀疑他。"

魏子云道："没有。"

陆小凤道："你怀疑的是谁？"

魏子云声音压得更低，道："能将这缎带盗出去的，只有四个人。"

陆小凤道："四个人？"

魏子云道："就是我们兄弟四个人。"

陆小凤轻轻吐出口气，这句话本来是他想说的，想不到魏子云自己反而说了出来，看来这位"潇湘剑客"不但思虑周密，而且耿直公正。

魏子云道："其实你也该想到，据说外面已有人肯出五万两银子买一条缎带，黑道上的朋友钱财来得容易，出价可能更高。"

陆小凤叹道："人为财死，财帛动人心，为了钱财，有些人的确是什么事都能做得出的。"

魏子云也叹了口气，道："殷羡交游广阔，挥金如土，丁敖正当少年，难免风流，屠老二虽是比较稳重，可是胸怀大志，早已想在江湖中独创一派，自立宗主，所以一直都暗中跟他以前的朋友保持联络，这些都是很花钱的事，只凭一份六等侍卫的俸禄，是养不活他们的。"

他抬起头，凝视着陆小凤，又道："但他们都是我的好兄弟，若没有真凭实据，我心里纵然有所怀疑，也不能说出来，免得伤了兄弟间的和气。"

陆小凤道："难道你想要我替你找出真凭实据来？"

魏子云又笑了笑，道："这件事你也难脱关系，若能查出真相，岂非大家都有好处？"

陆小凤只有苦笑。

他忽然发现自己的确没有看错这个人，这人有时的确是条老狐狸。

大殿屋脊的另一边，人反而比较少些，除了老实和尚、司空摘星、木道人、唐天纵和刚上来的卜巨外，就只是多了严人英和古松居士两个人。

司马紫衣居然没有来，古松居士解释道："司马庄主有事急着赶回江南，却将缎带让给了我。"

陆小凤了解司马紫衣的心情，以他的为人，当然非回去不可。

他也无颜再见陆小凤。

一些有了一派宗主身份的武林前辈，爱惜羽毛，自尊自重，当然绝不会去买来历不明的缎带，别人也不会拿去卖给他们。

所以这些人反而没有露面。

魏子云道："我已将禁城的四门全都封锁，从现在起，绝不会再有人进来。"

陆小凤道："叶孤城呢？"

魏子云道："白云城主早已到了。"

陆小凤道："他人在哪里？"

魏子云道："他们约定在子时交手，我已将他安排在隆宗门外户部朝房里歇下，不过，看来他好像……"

陆小凤道："好像怎样？"

魏子云叹道："他的脸色很不好，有人说他重伤未愈，好像并不是谣传。"

他没有接着说下去，忽又笑了笑，道："那几位朋友好像都在等你过去，你只管请便。"

那边的确有好几双眼睛都在看着陆小凤——司空摘星的眼睛在

笑，老实和尚的眼睛在生气，卜巨和严人英的眼睛里充满感激。

陆小凤走过去拍了拍严人英的肩，微笑道："你怎么来迟了？"

严人英道："我……我本来不敢来的。"

陆小凤道："不敢？为什么不敢？"

严人英的脸仿佛有些发红，苦笑道："若不是老实大师助了我一臂之力，我就算来了，很可能也只有在下面站着。"

陆小凤笑道："老实大师！我倒还是第一次听见有人这样称呼他。"

他笑嘻嘻地看着老实和尚，好像又想过去找这和尚的麻烦。

谁知他刚走了两步，突然闪电出手，刁住了司空摘星的手腕。

司空摘星吓了一大跳，失声道："缎带我已还给了你，你还找我麻烦干什么？"

陆小凤沉着脸，冷冷道："我就是要问你，你这两条缎带从哪里偷来的？"

司空摘星道："我一定要告诉你？"

陆小凤道："你若不说，我就要你这只手永远再也休想偷人家的东西。"

他的手在用力，竟已将司空摘星的手捏得咯咯作响。

司空摘星叹了口气，苦笑道："其实我就算说出来，你也未必会相信。"

陆小凤道："你说说看！"

司空摘星道："这两条缎带我倒真不是偷来的，是别人买来送给我的，因为他欠我的情。"

陆小凤道："这人是谁？"

司空摘星道："人家花了好几万两银子买东西送给我，只要我替他保守秘密，我就算对你很够朋友，至少也不能这么快就出卖他呀！"

陆小凤道:"你要等到什么时候才能出卖他?"

司空摘星道:"最少也得等两三天。"

两三天之后,这件事也许已事过境迁,再说出来也没有用了。

陆小凤目光闪动,道:"那个人是不是只要你替他保守两三天的秘密?"

司空摘星虽没有承认,也没有否认。

陆小凤道:"现在你一定不说?"

司空摘星淡淡道:"你就算捏碎我这只手也没关系,我反正已准备改行。"

陆小凤也知道他偷东西的时候虽然常常六亲不认,却绝不是个会出卖朋友的人,他忽然笑了笑,道:"其实你不说,我也知道。"

司空摘星笑道:"你知道?你为什么不说给我听听。"

陆小凤道:"附耳过来。"

他果然在司空摘星耳边轻轻地说了一个人的名字。

司空摘星忽然笑不出了,陆小凤眼睛里却发出了光,他已看出自己并没有猜错。

七八条断断续续、零零碎碎的线索,现在终于已将它连接起来,只不过还差最后一颗扣子而已。

司空摘星又在叹息着,喃喃道:"这人说我是猴精,其实他自己才是……"

他的话忽然被打断,殷羡忽然又从飞檐下出现,道:"白云城主来了。"

月光下果然出现条白衣人影,身形飘飘,宛如御风,轻功之高,竟不在司空摘星之下。

司空摘星又叹了口气,道:"想不到叶孤城也有这么高的轻功。"

陆小凤眼睛里却带着种奇怪的表情，过了很久，才吐出口气，带着笑道："轻功若不高，又怎能使得出那一招'天外飞仙'？"

月已中天。

殿脊前后几乎都站满了人，除了那十三个不愿露出真面目的神秘人物，还有七位都穿着御前带刀侍卫的服饰，显然都是大内中的高手，也想来看看当代两大剑客的风采。

从殿脊上，居高临下，看得反而比较清楚一些。

在月光下看来，叶孤城脸上果然全无血色，西门吹雪的脸虽然很苍白，却还有些生气。

两个人全都是白衣如雪，一尘不染，脸上全都完全没有表情。

在这一刻间，他们的人已变得像他们的剑一样，冷酷锋利，已完全没有人的情感。

两个人却是互相凝视着，眼睛里都在互相发着光。

每个人都距离他们很远，他们的剑虽然还没出鞘，剑气却已令人心惊。

——这种凌厉的剑气，本就是他们自己本身发出来的。

——可怕的也是他们本身这个人，并不是他们手里的剑。

叶孤城忽然道："一别经年，别来无恙？"

西门吹雪道："多蒙成全，侥幸安好。"

叶孤城道："旧事何必重提，今日之战，你我必当各尽全力。"

西门吹雪道："是。"

叶孤城道："很好。"

他说话的声音本已显得中气不足，说了两句话后，竟似已在喘息。

西门吹雪却还是面无表情，视若不见，扬起手中剑，冷冷道："此剑乃天下利器，剑锋三尺七寸，净重七斤十三两。"

叶孤城道："好剑！"

西门吹雪道："确是好剑！"

叶孤城也扬起手中剑，道："此剑乃海外寒剑精英，吹毛断发，剑锋三尺三，净重六斤四两。"

西门吹雪道："好剑！"

叶孤城道："本是好剑！"

两人的剑虽已扬起，却仍未出鞘——拔剑的动作，也是剑法中不可缺少的一门，两人显然也要比个高下。

魏子云忽然道："两位都是当代之剑术名家，负天下之重望，剑上当必不致淬毒，更不会秘藏机簧暗器。"

四下寂静无声，呼吸可闻，都在等着他说下去。

魏子云道："只不过这一战旷绝古今，必传后世，未审两位是否能将佩剑交换查视，以昭大信？"

叶孤城立刻道："谨遵台命。"

西门吹雪沉默着，过了很久，终于也慢慢地点了点头。

假如在一个月前，他是绝不会点头的，生死决战之前，制敌利器怎可离手？

但现在他已变了，缓缓道："我的剑只能交给一个人。"

魏子云道："是不是陆小凤陆大侠？"

西门吹雪道："是。"

魏子云道："叶城主的剑呢？"

叶孤城道："一事不烦两主，陆大侠也正是我所深信的人。"

司空摘星忽然叹了口气，喃喃道："这小子连和尚的馒头都要偷，居然还有人会相信他，奇怪奇怪。"

他说话的声音虽低，但是在此时此刻，每个字别人都听得清清楚楚。

　　木道人忍不住要笑了，卜巨忽然也大声道："陆大侠仁义无双，莫说是一口剑，就算是我的脑袋，我卜巨也一样交给他。"

　　严人英立刻也跟着道："在下严人英虽然是个无名小卒，可是对陆大侠的仰慕，也和这位卜帮主完全一样。"

　　其实严人英当然不是无名小卒，"开天掌"卜巨不但名头响亮，说起话来更声若洪钟，两个人抢着替陆小凤说话，好像生怕别人误会了他。

　　司空摘星只有苦笑，悄悄对陆小凤道："莫忘记大家是来看叶孤城和西门吹雪的。"

　　陆小凤道："我知道。"

　　司空摘星道："可是大家现在却全都看着你。"

　　陆小凤笑了笑，大步走出去，先走到西门吹雪面前，接过他的剑，回头就走，又去接下叶孤城的剑，将两柄剑放在手里，喃喃道："果然都是好剑。"

　　魏子云道："这就请陆大侠将这两柄剑让他们两位交换，过一过目。"

　　陆小凤道："你要我把西门吹雪的剑交给叶孤城，把叶孤城的剑交给西门吹雪么？"

　　魏子云道："不错。"

　　陆小凤道："不行。"

　　魏子云怔了怔，道："为什么不行？"

　　陆小凤忽然道："这么好的两口剑，到了我手里，我怎么舍得再送出去？"

　　魏子云怔住。

　　陆小凤把剑鞘挟在胁下，手腕一反，两剑全都出鞘，剑气冲霄，光华耀眼,连天上的一轮圆月都似已失去了颜色。

大家心里都在暗问自己:"这两柄剑若是到了我手里,我是不是舍得再送出去?"

陆小凤又道:"利器神物唯有德者居之,这句话各位听说过没有?"

没有人回答,没有人知道该怎么办。

陆小凤道:"这句话我听说过,我也看出了这两柄剑上没有花样。"

这句话说完,剑已入鞘,他忽然抬起手,将一柄剑抛给了西门吹雪,一柄剑抛给了叶孤城,就扬长走了回去。

大家又全怔住。

司空摘星忍不住道:"你这是干什么?"

陆小凤淡淡道:"我只不过让他们明白,下次再有这种事,千万莫要找我,我的麻烦已够多了,已不想再管这种无聊的事。"

司空摘星道:"这是无聊的事?"

陆小凤道:"两个人无冤无仇,却偏偏恨不得一剑刺穿对方的咽喉,这种事若不是无聊,还有什么事无聊?"

司空摘星已明白陆小凤的意思,是希望西门吹雪和叶孤城彼此手下都留点情,比武较技,并不一定非要杀人不可。

这意思别人当然也已明白,魏子云干哼两声道:"子时已过,明日还有早朝,两位这一战盼能以半个时辰为限,过时则以不分胜负论,高手较技,本就争在一招之间,半个时辰想必已足够。"

他再也不提换剑的事,决战总算已将开始,大家又屏气静声,拭目而待。

西门吹雪左手握着剑鞘,右手下垂至膝,刚才的事,对他竟完全没有丝毫影响,他的人看起来还是像把已出了鞘的剑,冷酷、尖锐、锋利。

叶孤城的脸色却更难看,反手将长剑挟在身后,动作竟似有些迟钝,而且还不停地轻轻咳嗽。

跟西门吹雪比起来,他实在显得苍老衰弱得多,有的人眼睛里已不禁露出同情之色,这一战的胜负,已不问可知了。

西门吹雪却仍然面无表情,视而不见。他本就是个无情的人。

他的剑更无情!

叶孤城终于挺起胸,凝视着他手里的剑,缓缓道:"利剑本为凶器,我少年练剑,至今三十年,本就随时随刻都在等着死于剑下。"

西门吹雪在听着。

叶孤城又喘了口气,才接着道:"所以今日这一战,你我剑下都不必留情,学剑的人能死在高手剑下,岂非也已无憾?"

西门吹雪道:"是。"

有的人已不禁在心里拍手,他们来看的,本就是这两位绝代剑客生死一搏的全力之战,剑下若是留余力,这一战还有什么看头?

叶孤城深深呼吸,道:"请。"

西门吹雪忽然道:"等一等。"

叶孤城道:"等一等?还要等多久?"

西门吹雪道:"等伤口不再流血。"

叶孤城道:"谁受了伤?谁在流血?"

西门吹雪道:"你!"

叶孤城吐出口气,低下头,看看自己的胸膛,身子忽然像是摇摇欲倒。

大家跟着他看过去,才发现他雪白的衣服上,已渗出了一片鲜红的血迹。他果然受了伤,而且伤口流血不止,可是这个骄傲的人却还是咬着牙来应付,明知必死,也不肯退缩半步。

西门吹雪冷笑道:"我的剑虽是杀人的凶器,却从不杀一心要来求死的人。"

叶孤城厉声道:"我岂是来求死的?"

西门吹雪道:"你若无心求死,等一个月再来,我也等你一个月。"

他忽然转过身,凌空一掠,没入飞檐下。

叶孤城想追过去,大喝道:"你……"

一个字刚说出,嘴里已喷出一口鲜血,人也支持不住了。

现在他非但已追不上西门吹雪,就算是个孩子,他只怕也都追不上。

大家你看着我,我看着你,又一次怔住。

这一战本已波澜起伏,随时都有变化,现在居然忽又急转直下,就像是一台戏密锣紧鼓地响了半天,文武场面都已到齐,谁知主角刚出来,就忽然已草草收场,连敲锣打鼓的人都难免要失望。

司空摘星忽然笑了,大笑。

老实和尚瞪眼道:"你笑什么?"

司空摘星笑道:"我在笑那些花了几万两银子买条缎带的人。"

可是他笑得还嫌早了些,就在这时,陆小凤已飞跃而起,厉声道:"住手!"

第十一章

深宫惊变

　　司空摘星笑得太早，陆小凤出手时却已太迟了。

　　唐天纵已蹿到叶孤城身后，双手飞扬，发出了一片乌云般的毒砂。

　　本已连站都站不稳的叶孤城，一惊之下，竟凌空掠起，鹞子翻身，动作轻灵矫捷，一点也不像身负重伤的样子。

　　只可惜他也迟了一步。

　　唐门子弟的毒药暗器只要一出手，就很少有人能闪避，何况唐天纵早已蓄势待发，出手时选择的时候、部位，都令人防不胜防。

　　只听一声惨呼，叶孤城身子忽然重重地跌下来，雪白的衣服上，又多了一片乌云。

　　这正是唐家见血封喉的追魂砂，在距离较近时，威力远比毒蒺藜更可怕。

　　江湖中人都知道，这种毒砂只要有一粒打在脸上，就得把半边脸削下去，若是有一粒打在手上，就得把一只手割下去。

　　叶孤城身上中的毒砂，已连数都数不清了，忽然滚到唐天纵脚下，嘶声叫道："解药，快拿解药来！"

　　唐天纵咬着牙，冷冷道："我大哥二哥都伤在你剑下，不死也成残废，你跟我们唐家仇深如海，你还想要我的解药？"

叶孤城道："那……那是叶孤城的事，与我完全没有关系。"

唐天纵冷笑道："难道你不是叶孤城？"

叶孤城挣扎着摇了摇头，忽然伸出手，用力在自己脸上一抹一扯，脸上竟有层皮被他扯了下来，却是个制作得极其精妙的人皮面具。

他自己的脸枯瘦丑陋，一双眼睛深深下陷，赫然竟是替杜桐轩做过保镖的那个神秘黑衣人。

陆小凤见过这个人两次，一次在浴室里，一次在酒楼上。

这人身法怪异，陆小凤原就知道他绝不是特地到京城来为杜桐轩做保镖的，可是陆小凤也没有想到他竟做了叶孤城的替身。

月光虽皎洁，总不如灯火明亮，陆小凤又知道叶孤城身负重伤，必定面有病容，他和叶孤城见面的次数本不多，对叶孤城的声音笑貌并不熟悉。

叶孤城本就是初入中原，江湖中人见过他的本就没有几个。

若非如此，这黑衣人的易容纵然精妙，也万万逃不过这么多双锐利的眼睛。

唐天纵的眼睛已红了，吃惊地看着他，厉声道："你是什么人？叶孤城呢？"

这人张开嘴，想说话，舌头却已痉挛收缩，连一个字都说不出来。

唐门的追魂毒砂，果然在顷刻间就能追魂夺命！

唐天纵忽然从身上拿出个木瓶，俯下身，将一瓶解药全都倒在这人嘴里，为了要查出叶孤城的下落，就一定要保住这人性命。

除了他之外，没有人知道叶孤城的人在哪里，也没有人想得到，这名重天下，剑法无双的白云城主，竟以替身来应战。

司空摘星苦笑道："这究竟是怎么回事？简直连我也糊涂了。"

陆小凤冷冷道："糊涂的是你，不是我！"

司空摘星道:"你知道叶孤城自己为什么不来?你知道他的人在哪里?"

陆小凤目中光芒闪动,忽然蹿过去,找着魏子云道:"你知不知道宫里有个姓王的老太监?"

魏子云道:"王总管?"

陆小凤道:"就是他,他能不能将缎带盗出来?"

魏子云道:"太子还未即位时,他本是在南书房伴读的,大行皇帝去世,太子登基,他就成了当今皇上面前的红人……"

陆小凤道:"我只问你,除了你们外,他是不是也能将缎带盗出来?"

魏子云道:"能呀!"

陆小凤眼睛更亮,忽然又问道:"现在皇上是不是已就寝了?"

魏子云道:"皇上励精图治,早朝从不间断,所以每天都睡得很早。"

陆小凤道:"睡在哪里?"

魏子云道:"皇上登基虽已很久,却还是和做太子时一样读书不倦,所以还是常歇在南书房。"

陆小凤道:"南书房在哪里呢?快快带我去!"

殷羡叫了起来,抢着道:"你要我们带你去见皇上?你疯了?"

陆小凤道:"我没有疯,可是你们若不肯带我去,你们就快疯了。"

殷羡皱眉道:"这人真的疯了,不但自己胡说八道,还想要我们脑袋搬家。"

陆小凤叹了口气,道:"我不是想要你们脑袋搬家,是想保全你们的脑袋。"

魏子云眼睛里带着深思之色,忽然道:"我姑且再信你这一次。"

殷羡失声道："你真的要带他去？"

魏子云点点头，道："你们也全都跟着我来。"

忽然间，"喀嚓"一声响，一颗血淋淋的人头从殿脊上直滚下来。

接着，一个无头的尸身也直滚而下，穿的赫然竟是大内侍卫的服饰。

魏子云大惊回头，六个侍卫已被十二个身上系着缎带的夜行人挟持，还有个紫衣人手里拿着柄雪亮的弯刀，刀尖还在滴着血。

这十三个人刚才好像互不相识，想不到却是一条路上的。

殷羡怒道："你居然敢在这里杀人？你不知道这是砍头的罪名？"

紫衣人冷冷道："反正头也不是我的，再多砍几个也无妨。"

殷羡跳起来，作势拔剑。

紫衣人道："你敢动一动，这里的人头就又得少一个。"

殷羡果然不敢动，却忽然破口大骂，什么难听的话都骂了出来，无论谁也想不到，像他这种身份的人，也能骂得出这种话。

紫衣人道："住口！"

殷羡道："我已不能动，连骂骂人都不行？"

紫衣人道："你是在骂谁？"

殷羡道："你听不出我是在骂谁？我再骂给你听听。"他愈骂愈起劲，愈骂愈难听，紫衣人气得连眼睛都红了，弯刀又扬起，忽然间，"嗤"的一响，半截剑锋从他胸口冒出来，鲜血箭一般地飙出来。

只听身后一个人冷冷道："他管骂人，我管杀人……"

下面的话紫衣人已听不清楚，就在这一瞬间，他身后的丁敖已将剑锋拔出，他面前的殷羡、魏子云、陆小凤已飞身而起。

他最后听见的，是一阵骨头碎裂的声音。很多人骨头碎裂的声音。

天街的月色凉如水，太和殿上的月色更幽冷了。

鲜血沿着灿烂如黄金的琉璃瓦流下来，流得很多，流得很快。

十三个始终不肯露出真面目的黑衣人，现在都已倒下，已不再有人关心他们的来历身份。

现在大家所关心的，是另一件更神秘、更严重的事——

陆小凤为什么一定要逼着魏子云带他到南书房去见皇帝？

一向老成持重的魏子云，为什么肯带他去？

叶孤城和西门吹雪的这一战，虽足以震烁古今，但却只不过是江湖中的事，为什么会牵涉惊动到九重天子？

这其中还隐藏着什么秘密？

司空摘星看了看仰面向天的西门吹雪，又看了看低头望地的老实和尚，忍不住问道："和尚，你知不知道这究竟是怎么回事？"

老实和尚摇摇头，道："这件事你不该问和尚的。"

司空摘星道："我应该去问谁？"

老实和尚道："叶孤城。"

九月十五，深夜，月圆如镜。

年轻的皇帝从梦中醒来时，月光正从窗外照进来，照在床前的碧纱帐上。

碧纱帐在月光中看来，如云如雾，云雾中竟仿佛有个人影。

这里是禁宫重地，皇帝还年轻，晚上从来用不着人伺候，是谁敢三更半夜，鬼鬼祟祟地站在皇帝床前窥探？

皇帝一挺腰就已跃起，不但还能保持镇定，身手显然也很矫捷。

"什么人？"

"奴婢王安，伺候皇上用茶。"

皇帝还在东宫时，就已将王安当作他的心腹亲信，今夜他虽然并没有传唤茶水，却也不忍心让这忠心的老人难堪，只挥了挥手，道："现在这里用不着你伺候，退下去。"

王安道："是。"

皇帝说出来的每句话，都是不容任何人违抗的命令。皇帝若要一个人退下去，这人就算已被打断了两条腿，爬也得爬出去。

奇怪的是，这次王安居然还没有退下去，事实上他连动都没有动，连一点退下去的意思都没有。

皇帝皱起了眉，道："你还没有走？"

王安道："奴婢还有事上禀。"

皇帝道："说。"

王安道："奴婢想请皇上去见一个人。"

三更半夜，他居然敢惊起龙驾，勉强当今天子去见一个人，难道他已忘了自己的身份，忘了这已是大逆不道，可以诛灭九族的罪名？

他七岁净身，九岁入宫，一向巴结谨慎，如今活到五六十岁，怎么会做出这种事？

皇帝虽然沉下了脸，却还是很沉得住气，过了很久，才慢慢地问了句："人在哪里？"

"就在这里。"

王安挥手作势，帐外忽然亮起了两盏灯。

灯光下又出现了一个人。

一个很英挺的年轻人，身上穿着黄袍，下幅是左右开分的八宝立水裙。

灯光虽然比月光明亮，人却还是仿佛站在云雾里。

皇帝看不清，拂开纱帐走出去，脸色骤然变了，变得说不出的可怕。

站在他面前的这年轻人，就像是他自己的影子——同样的身材、同样的容貌，身上穿着的，也正是他的衣服。

"袍色明黄，领袖俱石青片金缘，绣文金龙九，列十二章，间以五色云，领前后正龙各一，左右及交襟处行龙各一，袖端正龙各一，下幅八宝立水裙左右开。"

这是皇帝的朝服。

皇帝是独一无二的，是天之子，在万物万民之上，绝不容任何人僭越。

这年轻人是谁？怎么会有当今天子同样的身材和容貌？怎么会有这么样大的胆子？

王安看着面前这两个人，脸上却带着一种无法形容的诡笑，忽然道："皇上想必不知他是谁？"

年轻的皇帝摇摇头，虽然已气得指尖冰冷，却还是在勉强控制着自己。

他已隐约感觉到，王安的微笑里，一定藏着极可怕的秘密。

王安拍了拍年轻人的肩，道："这位就是大行皇帝的嫡裔，南王爷的世子，也就是当今天子的嫡亲堂弟。"

皇帝忍不住又打量了这年轻人两眼，沉着脸道："你是奉诏入京的？"

南王世子垂下头，道："不是。"

皇帝道："既未奉诏，就擅离封地，该是什么罪名，你知不知道？"

南王世子头垂得更低。

皇帝道："皇子犯法，与民同罪，朕纵然有心相护，只怕也……"

南王世子忽然抬起头，道："只怕也免不了是杀头的罪名。"

皇帝道："不错。"

南王世子道："你既然知法，为何还要犯法？"

皇帝怒道："你……"

南王世子又打断了他的话，厉声道："知法犯法，罪加一等，朕纵然有心救你一命，怎奈祖宗的家法尚在……"

皇帝大怒道："你是什么人？怎敢对朕如此无礼？"

南王世子道："朕受命于天，奉诏于先帝，乃是当今天子。"

皇帝双拳紧握，全身都已冰冷。

现在他总算已明白这是件多么可怕的阴谋，但他却还是不敢相信。

南王世子道："王总管。"

王安立刻躬身道："奴婢在。"

南王世子道："先把这人押下去，黎明处决。"

王安道："是。"

南王世子道："念在同是先帝血脉，不妨赐他个全尸，再将他的尸骨兼程送回南王府。"

王安道："是。"

他用眼角瞟着皇帝，忽然叹了口气，喃喃道："我真不懂，放着好好的小王爷不做，却偏偏要上京来送死，这是干什么呢？"

皇帝冷笑。

这阴谋现在他当然已完全明白，他们是想要李代桃僵，利用这年轻人来冒充他，替他做皇帝，再把他杀了灭口。

然后以南王世子的名义，把他的尸骨送回南王府，事后纵然有人能看出破绽，也是死无对证的了。

王安道："皇子犯法，与民同罪，这道理你既然也知道，你还有什么话说？"

皇帝道："只有一句话。"

王安道："你说，我在听。"

皇帝道："这种荒谬的事，你们是怎么想得出来的？"

王安眨了眨眼睛，终于忍不住大笑，道："我本来不想说的，可是我实在憋不住了。"

皇帝道："你说。"

王安道："老实告诉你，自从老王爷上次入京，发现你跟小王爷长得几乎一模一样，这件事就已经开始进行。"

皇帝道："他收买了你？"

王安道："我不但喜欢赌钱，而且还喜欢嫖。"

说到"嫖"字，他一张干瘪的老脸，忽然变得容光焕发，得意洋洋，却故意叹了口气，才接着道："所以我的开销一向不小，总得找个来路才行。"

皇帝道："你的胆子也不小。"

王安道："我的胆子倒不大，不是十拿九稳的事，我是绝不会干的。"

皇帝道："这件事已十拿九稳？"

王安道："我们本来还担心魏子云那些兔崽子，可是现在我们已想法子把他们引开了。"

皇帝道："哦？"

王安道："喜欢下棋的人，假如听见外面有两位大国手在下棋，还能不能待在屋子里？"

答案当然是不能。

王安道："学剑的人也一样，若知道当代最负盛名的两位大剑客，就在前面的太和殿上比剑，他们也一样没法子在屋子里待下去。"

皇帝忽然问道："你说的莫非是西门吹雪和叶孤城？"

王安显得很吃惊，道："你也知道？你也知道这两个人？"

皇帝淡淡道："以此两人的剑术和盛名，也就难怪魏子云他们会动心。"

王安悠然道："人心总是肉做的。"

皇帝道："幸好朕身边还有几个不动心的人。"

这句话刚说完，四面木柱里，忽然同时发出"咯"的一声响，暗门滑开，闪出四个人来。

这四个人身高不及三尺，身材、容貌、服装、装饰打扮，都完全一模一样。

尤其是他们的脸，小眼睛、大鼻子、凸头瘪嘴，显得说不出的滑稽可笑。

可是他们手里的剑，却一点也不可笑。

一尺七寸长的剑，碧光闪动，寒气逼人，三个人用双剑，一个人用单剑，七柄剑凌空一闪，就像是满天星雨缤纷，亮得人眼睛都睁不开。

可是，就算你张不开眼睛，也应该认得出这四个人——云门山，七星塘，飞鱼堡的鱼家兄弟。

这兄弟四个人，是一胎所生，虽然长得不高，但是兄弟四人，心意相通，四人连手，施展出他们家传飞鱼七星剑，在普天之下的七大剑阵中，虽然不能名列第一，能破他们这一阵的人，也已不多。

他们不但剑法怪异，性情更孤僻，想不到竟被罗致在大内，作了皇帝的贴身护卫。

剑光闪亮了皇帝的脸。

皇帝道："斩！"

七柄剑光华流窜，星芒闪动，立刻就笼罩了南王世子和王安。

王安居然面色不变。

南王世子已挥手低叱道："破。"

叱声出口，忽然间，一道剑光斜斜飞来，如惊芒掣电，如长虹经天。

满天剑光交错，忽然发出了"叮，叮，叮，叮"四声响，火星四溅，满天剑光忽然全都不见了。

唯一还有光的，只剩下一柄剑。

一柄形式奇古的长剑。

这柄剑当然不是鱼家兄弟的剑。

鱼家兄弟的剑，都已断了，鱼家兄弟的人，已全都倒了下去。

这柄剑在一个白衣人的手里，雪白的衣服，苍白的脸，冰冷的眼睛，傲气逼人，甚至比剑气还逼人。

这里是皇宫，皇帝就在他面前。可是这个人却好像连皇帝都没有被他看在眼里。

皇帝居然也还是神色不变，淡淡道："叶孤城？"

白衣人道："山野草民，想不到竟能上动天听。"

皇帝道："天外飞仙，一剑破七星，果然是好剑法。"

叶孤城道："本来就是好剑法。"

皇帝道："卿本佳人，奈何从贼？"

叶孤城道："成就是王，败就是贼。"

皇帝道："贼就是贼。"

叶孤城冷笑，平剑当胸，冷冷道："请。"

皇帝道："请？"

叶孤城冷冷道："以陛下之见识与镇定，武林之中已少有人能及，陛下若入江湖，必可名列十大高手之中。"

皇帝笑了笑，道："好眼力。"

叶孤城道："如今王已非王，贼已非贼，王贼之间，强者为胜。"

皇帝道:"好一个强者为胜。"

叶孤城道:"我的剑已在手。"

皇帝道:"只可惜你手中虽有剑,心中却无剑。"

叶孤城道:"心中无剑?"

皇帝道:"剑直,剑刚,心邪之人,胸中焉能藏剑?"

叶孤城脸色变了变,冷笑道:"此时此刻,我手中剑已经够了。"

皇帝道:"哦?"

叶孤城道:"手中的剑能伤人,心中的剑却只能伤得自己。"

皇帝笑了,大笑。

叶孤城道:"拔你的剑。"

皇帝道:"我手中无剑。"

叶孤城道:"你不敢应战?"

皇帝微笑道:"我练的是天子之剑,平天下,安万民,运筹于帷幄之中,决胜于千里之外,以身当剑,血溅五步是为天子所不取。"

他凝视着叶孤城,慢慢地接着道:"朕的意思,你想必也已明白。"

叶孤城苍白的脸已铁青,紧握了剑柄,道:"你宁愿束手待毙?"

皇帝道:"朕受命于天,你敢妄动?"

叶孤城握剑的手上,青筋暴露,鼻尖上已沁出了冷汗。

王安忍不住大声道:"事已至此,你不杀他,他就要杀你。"

南王世子道:"他一定会动手的,名扬天下的'白云城主',不会有妇人之仁。"

叶孤城脸上阵青阵白,终于跺了跺脚道:"我本不杀手无寸铁之人,今日却要破例一次。"

皇帝道:"为什么?"

叶孤城道:"因为你手中虽无剑,心中却有剑。"

皇帝默然。

叶孤城道:"我也说过,手中的剑能伤人,心中的剑却必伤自己。"

他手里的剑已挥起。

月满中天。

月更圆。

秋风中浮动着桂子的清香,桂子的香气之中,却充满了肃杀之意。

风从窗外吹进来,月光从窗外照进来,风和月同样冷。

剑更冷。

冷剑刺出,热血就必将溅出。

可是,就在这一刹那间,一个人忽然从窗外飞了进来。

他的身法比风更快,比月光更轻,可是他这个人在江湖中的分量却重于泰山。

只有这个人,才能阻止叶孤城刺出的一剑。

只有这个人,才能使叶孤城震惊。

"陆小凤!"

叶孤城失声而呼道:"你怎么会来的?"

陆小凤道:"因为你来了。"

叶孤城忽然长长叹了口气,道:"我何必来,你又何必来?"

陆小凤也叹了口气,道:"你不该来,我不必来,只可惜我们现在都已来了。"

叶孤城道:"可惜。"

陆小凤道:"实在可惜。"

叶孤城再次叹息,手中的剑忽又化作飞虹。

一剑西来，天外飞仙。

这飞虹般的剑，并不是刺向陆小凤的。

陆小凤闪身，剑光已穿窗而出，人也穿窗而出，他的人和剑，已合而为一。

速度，不但是种刺激，而且是种很愉快的刺激。

快马、快船、快车，和轻功，都能给人这种享受。

可是，假如你是在逃亡的时候，你就不会领略到这种愉快和刺激了。

叶孤城是一个很喜欢速度的人，在海上、在白云城、在月白风清的晚上，他总是喜欢一个人迎风施展他的轻功，飞行在月下。

每当这种时候，他总是觉得心情分外宁静。

此时正月白风清，此地乃金楼玉阙，他已施展他最快的速度，可是他的心却很乱。

他在逃亡，他有很多想不通——

这计划中，究竟有什么错误和漏洞？

陆小凤怎么会发现这秘密？怎么会来的？

没有人能给他答复，就正如没有人知道，此刻吹在他脸上的风，是从哪里来的。

月色凄迷，仿佛有雾，前面皇城的阴影下，有一个人静静地站着，一身白衣如雪。

叶孤城看不清这个人，他只不过看见一个比雾更白、比月更白的人影。

但他已知道这个人是谁。

因为他忽然感觉到一种无法形容的剑气，就像一重看不见的山峰，向他压了下来。

他的瞳孔忽然收缩，肌肉忽然绷紧。

除了西门吹雪外，天上地下，绝不会再有第二个人能给他这种压力。

等到他看清了西门吹雪的脸，他的身形就骤然停顿。

西门吹雪掌中有剑，剑仍在鞘，剑气并不是从这柄剑上发出来的。

他的人比剑更锋锐、更凌厉。

他们两个人的目光相遇时，就像剑锋相击一样。

他们都没有动，这种静的压力，却比动更强、更可怕。

一片落叶飘过来，飘在他们两个人之间，立刻落下，连风都吹不起。

这种压力虽然看不见，却绝不是无形的。

西门吹雪忽然道："你学剑？"

叶孤城道："我就是剑。"

西门吹雪道："你知不知道剑的精义何在？"

叶孤城道："你说！"

西门吹雪道："在于诚。"

叶孤城道："诚？"

西门吹雪道："唯有诚心正意，才能达到剑术的巅峰，不诚的人，根本不足论剑。"

叶孤城的瞳孔突又收缩。

西门吹雪盯着他，道："你不诚。"

叶孤城沉默了很久，忽然也问道："你学剑？"

西门吹雪道："学无止境，剑术更是学无止境。"

叶孤城道:"你既学剑,就该知道学剑的人只要诚于剑,并不必诚于人。"

西门吹雪不再说话,话已说尽。

路的尽头是天涯,话的尽头就是剑。

剑已在手,已将出鞘。

就在这时,剑光飞起,却不是他们的剑。

叶孤城回过头,才发现四面都已被包围,几乎叠成了一圈人墙,数十柄寒光闪耀的剑,也几乎好像一面网。

不但有剑网,也有枪林、刀山。

金戈映明月,寒光照铁衣,紫禁城内的威风和煞气,绝不是任何人能想象得到的。

一向冷静镇定的魏子云,现在鼻尖上也已有了汗珠,手挥长剑,调度全军,一双眼睛,始终没有离开过叶孤城,沉声道:"白云城主?"

叶孤城点头。

魏子云道:"城主远在天外,剑如飞仙,人也如飞仙,何苦自贬于红尘,作此不智事?"

叶孤城道:"你不懂?"

魏子云道:"不懂。"

叶孤城冷冷道:"这种事,你本就不会懂的。"

魏子云道:"也许我不懂,可是……"

目光如鹰,紧随在魏子云之后的"大漠神鹰"屠方,抢着道:"可是我们却懂得,像你犯这种罪是千刀万段,株连九族的死罪。"

他虽然以轻功和鹰爪成名,中年之后,用的也是剑。

他的剑锋长而狭,看来和海南剑派门下用的剑差不多,其实,他的剑法却是昆仑真传。

叶孤城用眼角瞟着他的剑,冷笑道:"你知不知道你犯的是什么罪?"

屠方听不懂这句话。

叶孤城道:"你练刀不成,学剑又不精,敢对我无礼,你犯的也是死罪。"

屠方脸色更阴沉,剑锋展动,立刻就要冲上去。

他一冲上去,别人当然不会坐视,叶孤城纵然有绝世无双的剑法,就在这顷刻之间,也得尸横当地,血溅五步。

可是他还没有冲出去,已有人阻止了他。

西门吹雪忽然道:"等一等!"

屠方道:"等什么?"

西门吹雪道:"先听我说一句话。"

此时此刻,虽然已剑拔弩张,西门吹雪要说话,却还是没有人能不听。

魏子云点头示意,屠方身势停顿。

西门吹雪道:"我若与叶孤城双剑连手,普天之下,有谁能抵挡?"

没有人。

这答案也绝对没有人不知道。

魏子云吸了口气,鼻尖上又有汗珠沁出。

西门吹雪盯着他,道:"我的意思,你是不是已明白?"

魏子云摇摇头。

他当然明白西门吹雪的意思,却宁愿装作不明白,他一定要争取时间,想一个对策。

西门吹雪道:"我七岁学剑,七年有成,至今未遇敌手。"

叶孤城忽然叹了口气,打断了他的话,道:"只恐琼楼玉宇,高处不胜寒……人在高处的寂寞，他们这些人又怎么会知道呢？你又何必对他们说？"

西门吹雪的目光凝向他，眼睛里的表情很奇怪，过了很久，才缓缓地道："今夜是月圆之夕。"

叶孤城道："是的！"

西门吹雪道："你是叶孤城？"

叶孤城道："是的。"

西门吹雪道："你掌中有剑，我也有。"

叶孤城道："是的！"

西门吹雪道："所以，我总算已经有了对手。"

魏子云抢着道："所以你不愿让他伏法而死？"

屠方道："难道你连王法都不管了么？"

西门吹雪道："此刻，我但求与叶城主一战而已，生死荣辱，我都已不放在心上。"

魏子云道："在你眼中看来，这一战不但重于王法，也重于性命？"

西门吹雪目光仿佛在凝视着远方，缓缓道："生有何欢，死有何惧，得一知己，死而无憾，能得到白云城主这样的对手，死更无憾。"

对一个像他这样的人说来，高贵的对手，实在比高贵的朋友更难求。

看他脸上那种深远的寂寞，魏子云眼睛的表情也变得很奇怪，也不禁叹了口气，道："生死虽轻若鸿毛，王法却重于泰山，我虽然明白你的意思，怎奈……"

西门吹雪道："难道你逼着我陪他先闯出去，再易地而战么？"

魏子云双手紧握，鼻尖上汗珠滴落。

西门吹雪冷冷道："这一战势在必行，你最好赶快拿定主意。"

魏子云无法拿定主意。

他一向老谋深算，当机立断，可是现在，他实在不敢冒险！

忽然间，一个人从枪林刀山中走出来，看见这个人，大家好像都松了口气。

这世上假如还有一个人能对这种事下决定，这个人就一定是陆小凤。

第十二章

强敌已逝

仿佛有雾,却没有雾。明月虽已西沉,雾却还没有升起。

陆小凤从月光下走过来,眼睛一直在盯着西门吹雪。

西门吹雪不看他。

陆小凤忽然道:"这一战,真的势在必行么?"

西门吹雪道:"嗯。"

陆小凤道:"然后呢?"

西门吹雪道:"然后没有了。"

陆小凤道:"你的意思是说,这一战无论你是胜是负,都不再管这件事?"

西门吹雪道:"是。"

陆小凤忽然笑了一笑,转过身子拍了拍魏子云的肩,道:"这件事你还拿不定主意?"

魏子云道:"我……"

陆小凤道:"我若是你,我一定会劝他们赶快动手。"

魏子云道:"请教?"

陆小凤道:"因为这一战,无论是谁胜谁负,对你们都有百利而无一害,那么,还等什么呢?"

魏子云还在考虑。

陆小凤道:"我所说的利,是渔翁得利的利。"

魏子云抬起头,看了看叶孤城,看了看西门吹雪,又看了看陆小凤,终于长长地出了一口气,道:"今夜虽是月圆之夕,这里却不是紫禁之巅。"

陆小凤道:"你的意思是说,要让他们再回到太和殿上去么?"

魏子云居然笑了笑,道:"他们这一战既然势在必行,为什么要让那几位不远千里而来的人,徒劳往返?"

陆小凤也笑了,道:"潇湘剑客果然人如其名,果然洒脱得很。"

魏子云也拍了拍他的肩,微笑了,道:"陆小凤果然不愧为陆小凤。"

明月虽已西沉,看起来却更圆了。

一轮圆月,仿佛就挂在太和殿的飞檐下,人却已在飞檐上。

人很多,却没有人声。

就连司空摘星、老实和尚,都已闭上了嘴,因为他们也同样能感受到那种逼人的压力。

忽然间,一声龙吟,剑气冲霄。

叶孤城剑已出鞘。剑在月光下看来,仿佛也是苍白的。

苍白的月,苍白的剑,苍白的脸。

叶孤城凝视着剑锋,道:"请。"

他没有去看西门吹雪,连一眼都没有看,竟然没有去看西门吹雪手里的剑,也没有去看西门吹雪的眼睛。

这是剑法的大忌。高手相争,正如大军决战,要知己知彼,才能百战百胜。

所以对方每一个轻微的动作,每一个眼神、每一个表情,甚至连每一根肌肉的跳动,也都应该观察得仔仔细细,连一点都不能错过。

因为每一点都可能是决定这一战胜负的因素。

叶孤城身经百战,号称无敌,怎么会不明白这道理?

这种错误,本来是他绝不会犯的。

西门吹雪目光锐利如剑锋,不但看到了他的手、他的脸,仿佛还看到了他的心。

叶孤城又说了一遍:"请。"

西门吹雪忽然道:"现在不能。"

叶孤城道:"不能?"

西门吹雪道:"不能出手。"

叶孤城道:"为什么?"

西门吹雪道:"因为你的心还没有静。"

叶孤城默然无语。

西门吹雪道:"一个人心若是乱的,剑法必乱,一个人剑法若是乱的,必死无疑。"

叶孤城冷笑道:"难道你认为我不战就已败了?"

西门吹雪道:"现在你若是败了,非战之罪。"

叶孤城道:"所以你现在不愿出手?"

西门吹雪没有否认。

叶孤城道:"因为你不愿乘人之危?"

西门吹雪也承认。

叶孤城道:"可是这一战已势在必行。"

西门吹雪道:"我可以等。"

叶孤城道:"等到我的心静?"

西门吹雪点点头道:"我相信我用不了等多久的。"

叶孤城霍然抬起头盯着他,眼睛里仿佛露出了一抹感激之色,却又很快被他手里的剑光照散了。

对你的敌手感激，也是种致命的错误。

叶孤城道："我也不会让你等多久的，在你等的时候，我能不能找一个人谈谈话？"

西门吹雪道："说话可以让你心静？"

叶孤城道："只有跟一个人说话，才可以使我心静。"

西门吹雪道："这个人是谁？"

这句话他本不必问的。

叶孤城说的当然是陆小凤，因为他心里的疑问，只有陆小凤一个人能答复。

陆小凤坐了下来，在紫禁之巅，滑不留足的琉璃瓦上坐了下来。

明月就挂在他身后，挂在他头上，看来就像是神佛脑后的那圈光轮。

叶孤城凝视着他，已凝视了很久，忽然道："你不是神。"

陆小凤道："我不是。"

叶孤城道："所以我想不通，你怎么会知道那么多秘密的？"

陆小凤笑了一笑，道："你真的认为这世上有能够永远瞒住人的秘密？"

叶孤城道："也许没有，可是我们这计划……"

陆小凤道："你们这计划，的确很妙，也很周密，只可惜无论多周密的计划，都难免有漏洞。"

叶孤城道："我们的漏洞在哪里？你是怎么看出来的？"

陆小凤沉吟着，道："我也不知道自己是怎么看出来的，我只不过觉得，有几个人本来不该死的，却不明不白地死了。"

叶孤城道："你说的是张英风、公孙大娘和欧阳情？"

陆小凤道："还有龟孙子大老爷。"

叶孤城道:"你一直想不通为什么会有人要对他们下毒手么?"

陆小凤道:"现在我已想通。"

叶孤城道:"你说!"

陆小凤道:"这计划久已在秘密进行中,王总管和南王府的人,一直都在保持联络,他们见面的地方,就是欧阳情的妓院。"

叶孤城道:"因为他们认为,绝不会有人想得到太监和喇嘛居然也逛妓院。"

陆小凤道:"但你不放心,因为你知道龟孙子大老爷和欧阳情都不是平常人,你总怀疑他们已发现这秘密,所以你一定要杀了他们灭口。"

叶孤城道:"其实我本不必杀他们的。"

陆小凤道:"的确不必。"

叶孤城道:"可是这件事关系实在太大,我不能冒一点险。"

陆小凤道:"也正因如此,所以我才发现,在你们这次决战的幕后,一定还隐藏着个极大的秘密,绝不仅是因为李燕北和老杜的豪赌。"

叶孤城叹了口气,道:"你总该知道张英风是非死不可的。"

陆小凤道:"因为张英风急着要找西门吹雪,他找到了那个太监窝,却在无意间发现了你也在那里,他当然非死不可。"

叶孤城道:"你想必也已知道,他捏的那第三个蜡像就是我。"

陆小凤道:"就因为这个蜡像,所以泥人张才会死。"

叶孤城道:"那天你去迟了一步。"

陆小凤叹了口气,道:"因为我走了不少冤枉路。"

叶孤城道:"我杀公孙大娘,就是为了要引你走入歧途。"

陆小凤道:"你还希望我怀疑老实和尚。"

叶孤城冷笑道:"难道你真的以为他很老实?"

陆小凤忽然又笑了一笑，道："我虽然常常看错人，做错事，走错路，但有时候却偏偏会歪打正着。"

叶孤城道："歪打正着？"

陆小凤道："我若不怀疑老实和尚，就不会去追问欧阳情，也就不会发现王总管和南王府的喇嘛那天也到那里去过。"

叶孤城道："你问出了这件事后，才开始怀疑到我？"

陆小凤叹息着道："其实我一直都没有怀疑到你，虽然我总觉得你绝不可能被人暗算，更不可能伤在唐家的毒药暗器下，但我却还是没有怀疑到你，因为……"

他凝视着叶孤城，慢慢地接着道："因为我总觉得你是我的朋友。"

叶孤城扭转头，他是不是已无颜再面对陆小凤？

陆小凤道："你们利用李燕北和杜桐轩的豪赌做烟幕，再利用这一次决战做引子，你先安排好一个人在杜桐轩那里，做你的替身，你出现时，满身簪花，并不是怕人嗅到你伤口的恶臭，而是怕人发觉你身上并没有恶臭。"

陆小凤又叹了口气，接着道："这些计划实在都很妙，妙极了。"

叶孤城没有回头。

陆小凤道："最妙的还是那些缎带。"

叶孤城道："哦？"

陆小凤道："魏子云以缎带来限制江湖豪杰入宫，你却要王总管在内库中又偷出一匹变色绸，制成缎带，交给白云观主，由他再转送出去，来的人一旦多了，魏子云就只有将人力全都调来太和殿防守，你们才可以从容在内宫进行你们的阴谋。"

叶孤城仰面向天，默然无语。

陆小凤道："只可惜人算不如天算，你虽然算准了西门吹雪绝不会向一个负了伤的人出手,却忘了还有一个一心想报兄仇的唐天纵。"

叶孤城道:"唐天纵?"

陆小凤道:"若不是唐天纵出手暗算了你的替身,我可能还不会怀疑到你。"

叶孤城道:"哦?"

陆小凤道:"我发现了你的秘密,我立刻想到南王府,又想到王总管,直到那时,我才明白你们的阴谋,是件多么可怕的阴谋。"

叶孤城忽然笑了。

陆小凤道:"你在笑?"

叶孤城道:"我不该笑?"

陆小凤看着他,终于点了点头,道:"只要还能笑,一个人的确应该多笑笑。"

只不过笑也有很多种,有的笑欢愉,有的笑勉强,有的笑谄媚,有的笑酸苦。

叶孤城的笑是哪一种?

不管他的笑是属于哪一种,只要他还能在此时此地笑得出来,他就是个非平常人所能及的英雄。

他忽然拍了拍陆小凤的肩道:"我去了。"

陆小凤道:"你没有别的话说?"

叶孤城想了想道:"还有一句。"

陆小凤道:"你说。"

叶孤城扭转头道:"不管怎么样,你总是我的朋友……"

陆小凤看着他大步走出去,走向西门吹雪,忽然觉得秋风已寒如残冬……

这时候，月已淡，淡如星光。

星光淡如梦，情人的梦。

情人，永远是最可爱的，有时候，仇人虽然比情人还可爱，这种事毕竟很少。

仇恨并不是种绝对的感情，仇恨的意识中，有时还包括了了解与尊敬。

只可惜可爱的仇人不多，值得尊敬的仇人更少！

怨，就不同了。

仇恨是先天的，怨恨却是后天的，仇恨是被动的，怨恨却是主动的。

你能不能说西门吹雪恨叶孤城？

你能不能说叶孤城恨西门吹雪？

他们之间没有怨恨，他们之间只有仇恨。他们的仇恨，只不过是一种与生俱来，不能不有的，既奇妙又愚笨，既愚笨又奇妙的仇恨！

也许，叶孤城恨的只是——既然生了叶孤城，为什么还要生西门吹雪。

也许，西门吹雪所恨的也是一样。

恨与爱之间的距离，为什么总是那么令人难以衡量？

现在，已经到了决战的时候。

真正到了决战的时候，天上地下，已经没有任何人、任何事能够阻止这场决战。

这一刻，也许很短暂，可是有很多人为了等待这一刻，已经付出了他们所有的一切！

想起了那些人，陆小凤忽然觉得有种说不出的心酸。

这一战是不是值得？

那些人的等待是不是值得？

没有人能回答，没有人能解释，没有人能判断。

甚至连陆小凤都不能。

可是，他也同样地感觉到那种逼人的煞气和剑气，他甚至所感受的压力也许比任何人都大得多。

因为西门吹雪是他的朋友，叶孤城也是。

——假如你曾经认为一个人是你的朋友，那么这个人永远都是。

所以，陆小凤一直都在盯着西门吹雪和叶孤城的剑，留意着他们每一个轻微的动作和每一个眼神、每一个表情，甚至每一根肌肉的跳动。

他在担心西门吹雪——

西门吹雪的剑，本来是神的剑，剑的神。

可是现在，他已不再是神，是人。

因为他已经有了人类的爱、人类的感情。

人总是软弱的，总是有弱点的，也正因如此，所以人才是人。

叶孤城是不是已抓到了西门吹雪的弱点？

陆小凤很担心，他知道，无论多小的弱点，都是足以致命的。

他知道，就算是叶孤城能放过西门吹雪，西门吹雪也不能放过自己。

胜就是生，败就是死，对西门吹雪和叶孤城这种人来说，这其间绝无选择的余地。

最怪的是，他也同样担心叶孤城！

他从未发觉叶孤城有过人类的爱和感情！

叶孤城的生命就是剑，剑就是叶孤城的生命。只不过生命本身就是场战争，大大小小、各式各样的战争。

无论是哪种战争，通常都只有一种目的——胜。

胜的意思，就是光荣，就是荣誉。

可是现在对叶孤城说来，胜已失去了意义，因为他败固然是死，胜也是死。

因为他无论是胜是败，都无法挽回失去的荣誉，何况无论谁都知道，今夜他已无法活着离开紫禁城了。

所以他们两个人虽然都有必胜的条件，也都有必败的原因。

这一战究竟是谁负？谁胜？

这时候，星光月色更淡了，天地间所有的光辉，都已集中在两柄剑上。

两柄不朽的剑。

剑已刺出！

刺出的剑，剑势并不快，西门吹雪和叶孤城两人之间的距离还很远。

他们的剑锋并未接触，就已开始不停地变动，人的移动很慢，剑锋的变动却很快，因为他们一招还未使出，就已随心而变。

别的人看来，这一战既不激烈，也不精彩。

魏子云、丁敖、殷羡、屠方，却都已经流出了冷汗。

这四个人都是当代的一流剑客，他们看出这种剑术的变化，竟已到了随心所欲的境界，也正是武功中至高无上的境界！

叶孤城的对手若不是西门吹雪，他掌中的剑每一个变化击出，都是必杀必胜之剑。

他们剑与人合一，这已是心剑。

陆小凤手上忽然也沁出了冷汗，他忽然发现西门吹雪剑势的变化，看来虽然灵活，其实却呆滞，至少比不上叶孤城的剑那么轻灵流动。

叶孤城的剑，就像是白云外的一阵风。

西门吹雪的剑上，却像是系住了一条看不见的线——他的妻子、他的家、他的感情，就是这条看不见的线。

陆小凤也已看出来了，就在下面的二十个变化间，叶孤城的剑必将刺入西门吹雪的咽喉。

二十个变化一瞬即过。

陆小凤指尖已冰冷。

现在，无论谁也无法改变西门吹雪的命运。

陆小凤不能，西门吹雪自己也不能。

两个人的距离已近在咫尺！

两柄剑都已全力刺出！

这已是最后一剑，已是决胜负的一剑。

直到现在，西门吹雪才发现自己的剑慢了一步，他的剑刺入叶孤城的胸膛时，叶孤城的剑已必将刺穿他的咽喉。

这命运，他已不能不接受。

可是就在这时候，他忽又发现叶孤城的剑势有了偏差，也许只不过是一两寸间的偏差，这一两寸的距离，却已是生与死之间的距离。

这错误怎么会发生的？

是不是因为叶孤城自己知道自己的生与死之间，已没有距离？

剑锋是冰冷的。

冰冷的剑锋，已刺入叶孤城的胸膛，他甚至可以感觉到剑尖触及他的心。

然后，他就感觉到一种奇异的刺痛，就仿佛看见他初恋的情人死在病榻上时，那种刺痛一样。

那不仅是痛苦，还有恐惧，绝望的恐惧！

因为他知道，他生命中所有欢乐和美好的事，都已将在一瞬间结束。

现在他的生命也已将结束，结束在西门吹雪的剑下！

可是，他对西门吹雪并没有怨恨，只有种任何人永远都无法了解的感激。

在这最后一瞬间，西门吹雪的剑也慢了，也准备收回这一招致命的杀手。

叶孤城看得出。

他看得出西门吹雪实在并不想杀他，却还是杀了他，因为西门吹雪知道，他宁愿死在这柄剑下。

——既然要死，为什么不死在西门吹雪的剑下？

——能死在西门吹雪的剑下，至少总比别的死法荣耀得多！

西门吹雪了解他这种感觉，所以成全了他！

所以他感激！

这种了解和同情，唯有在绝世的英雄和英雄之间，才会产生。

在这一瞬间，两个人的目光接触，叶孤城从心底深处长长吐出一口气！

"谢谢你。"

这三个字他虽然没有说出口，却已从他目光中流露出来！他知道西门吹雪也一定会了解的！

他倒了下去！

明月已消失，星光也已消失，消失在东方刚露出的曙色里！

这绝世无双的剑客，终于已倒下去。他的声名，是不是也将从此消失？

天边一朵白云飞来，也不知是想来将他的噩耗带回天外？还是特地来对这位绝世的剑客，致最后的敬意？

曙色已临，天地间却仿佛更寒冷、更黑暗。

叶孤城的脸色,看来就仿佛这一抹刚露出的曙色一样,寒冷、朦胧、神秘!

剑上还有最后一滴血!

西门吹雪轻轻吹落,仰面四望,天地悠悠,他忽然有种说不出的寂寞。

西门吹雪藏起了他的剑,抱起了叶孤城的尸体,剑是冷的,尸体更冷。

最冷的却还是西门吹雪的心。

轰动天下的决战已过去,比朋友更值得尊敬的仇敌已死在他剑下。这世上还有什么事能使他的心再热起来?血再热起来?

他是不是已决心永远藏起他的剑?就像是永远埋藏起叶孤城的尸体一样?无论如何,这两样都是绝不容许任何人侵犯的。他对他们都同样尊敬。

丁敖忽然冲过来,挥剑拦住了他的去路,厉声道:"你不能将这人带走,无论他是死是活,你都不能将他带走。"

西门吹雪连看都没有看他一眼!

丁敖又道:"这人是朝廷的重犯,为他收尸的人,也有连坐之罪。"

西门吹雪道:"你想留下我?"

丁敖冷笑道:"难道我留不住你?"

西门吹雪额上青筋凸起。

丁敖道:"西门吹雪与叶孤城双剑连手,天下也许无人能挡,但可惜叶孤城现在已经是个死人,这里却还有禁卫三千。"

这句话刚说完,他忽然听到他身后有人在笑!

一个人带着笑道:"叶孤城虽然已经是个死人,陆小凤却还没有死。"

陆小凤又来了!

丁敖霍然回身,喝道:"你想怎么样?"

陆小凤淡淡道:"我只不过想提醒你,西门吹雪和叶孤城都是我的朋友。"

丁敖道:"难道你想包庇朝廷的重犯?你知不知道这是什么罪?"

陆小凤道:"我只知道一点。"

丁敖道:"说!"

陆小凤道:"我只知道不该做的事,我绝不去做,应该做的事,你就算砍掉我的脑袋,我也一样要去做。"

丁敖脸色变了。

屠方、殷羡已冲过来,侍卫们弓上弦,刀出鞘,剑拔弩张,又是一触即发。

忽然间,又有一个人跳起来,大声道:"你们虽然有禁卫三千,陆小凤至少还有一个朋友,也是个不怕砍掉头的朋友。"

这个人是卜巨。

木道人立刻跟着道:"贫道虽然身在方外,可是方外人也有方外之交。"

他转过头来,看着老实和尚,道:"和尚呢?"

老实和尚瞪了他一眼,道:"道士能有朋友,和尚为什么不能有?"

他又瞪了司空摘星一眼,道:"你呢?"

司空摘星叹了口气,道:"这里的侍卫大老爷们不但都是高手,而且都是大官,我是个小偷,小偷怕的就是官,所以……"

木道人道:"所以怎么样?"

司空摘星苦笑道:"所以我是很不想承认陆小凤是我的朋友,只可惜我又偏偏没法子不承认。"

木道人道："很好。"

司空摘星道："很不好！"

木道人道："不好？"

司空摘星道："假如他们要留下西门吹雪，陆小凤是不是一定不答应？"

木道人道："是。"

司空摘星道："假如他们要对付陆小凤，我们是不是不答应？"

木道人道："是。"

司空摘星道："那么我们是不是一定要跟他们干起来？"

木道人默认！

司空摘星道："我刚刚已计算过，假如我们要跟他们干起来，我们每个人，至少要对付他们三百一十七个。"

他叹了口气，接着道："双拳难敌四手，两只手要对付六百多只手，那滋味一定不好受。"

木道人突然笑了一笑，道："莫忘记你有三只手。"

司空摘星也笑了。

他们的笑很轻松，在天子脚下，紫禁城里，面对着寒光耀眼的刀山枪林，他们居然还能笑得很轻松。

丁敖他们却已紧张起来，侍卫们更是一个个如临大敌！

这一战若是真的打起来，那后果就真的不可想象了。

看起来这一战已是非打不可！

魏子云面色沉重，双手紧握，缓缓道："各位都是在下心慕已久的武林名家，在下本不敢无礼，只可惜职责所在……"

陆小凤打断了他的话，道："你的意思，我们都懂，我们这些人的脾气，我也希望你能懂。"

魏子云道:"请教。"

陆小凤道:"我们这些人,有的喜欢钱,有的喜欢女人,有的贪生,有的怕死,可是一到了节骨眼上,我们就会把朋友的交情,看得比什么都重。"

魏子云沉默了很久,才叹息着点了点头,道:"我懂。"

陆小凤道:"你应该懂。"

魏子云道:"还有件事,你也应该懂。"

陆小凤道:"哦?"

魏子云道:"这一战的结果,必定是两败俱伤,惨不忍睹,这责任应该由谁负?"

陆小凤没有开口,心里也一样沉重。

魏子云环目四顾,长长叹息,道:"无论这责任由谁负,看来这一战已是无法避免,也没有人能阻止了。"

陆小凤沉思着,缓缓道:"也许还有一个人能阻止。"

魏子云道:"谁?"

陆小凤遥视着皇城深处,眼睛里带着种很奇怪的表情。

就在这时,大殿下已有人在高呼:"圣旨到。"

一个黄衣内监,手捧诏书,匆匆赶了过来。

大家一起在殿脊上跪下听诏:

> 奉天承运,天子诏曰,召陆小凤即刻到南书房,其他各色人等,实时出宫。

天子金口玉言,说出来的话永无更改。

各色人等中,当然也包括了死人,所以这一战还未开始,就已结束!

第十三章

尾　声

九月十六。

黄昏，明月又将升起，今夜的月，必将比十五的月更圆。

司空摘星沿着金鳌玉带的栏杆，来来回回地已不知走了多少次，他想数清这座桥上究竟有多少栏杆，却一直没有数出来，因为他有心事——

陆小凤为什么还没有出来？

皇帝留着他干什么？

天威难测，伴君如伴虎，像陆小凤那种洒脱不羁的人，待在皇帝身旁，一句话说错了，一件事做错了，脑袋就很可能要搬家。

这一点，不但司空摘星担心，只要是陆小凤的朋友，每个人都在担心，陆小凤的朋友不少。

魏子云已经进去探望过好几次，南书房里好像一直都没有动静。

没有奉诏，谁也不敢闯入南书房，魏子云当然也不敢。所以他每一次从里面出来，大家的心里就会又多加重一分。

等到他第六次从里面出来，有的人已急得快要发疯了，魏子云反而不像前几次出来时那么垂头丧气，眼睛里居然好像发着光。

看见他眼睛里的表情，司空摘星立刻迎上去，道："是不是有了消息？"

魏子云点点头。

司空摘星道:"那小子已经出来了?"

魏子云摇摇头。

司空摘星道:"你看见了他?"

魏子云又摇摇头。

司空摘星几乎叫了起来,道:"这算哪门子消息?"

魏子云道:"我虽然没有看见他,但听见他的声音。"

司空摘星道:"什么声音?"

魏子云道:"当然是笑声。"

他自己也笑了笑,接着道:"除了笑声外,你想他还会发出什么声音来?"

司空摘星瞪大了眼睛,道:"他笑的声音是不是很大?"

魏子云道:"他笑的时候是什么样子,你应该比我更清楚。"

司空摘星眼睛瞪得更大,道:"在皇帝面前,他也敢像平常那么样笑?"

魏子云道:"你想天下还有什么事是他不敢做的?"

司空摘星叹了口气,道:"我想不出。"

魏子云道:"我也想不出。"

司空摘星道:"我更想不出,在南书房里,会有什么事能让他笑得那么开心?"

魏子云压低了声音,道:"听说他们在喝酒。"

司空摘星道:"他们是谁?"

魏子云声音压得更低,道:"'他们'就是皇帝和陆小凤。"

司空摘星眼珠子都快瞪得掉了下来,道:"你这是听谁说的?"

魏子云道:"我在里面的时候,刚好有个小太监送酒进去。"

司空摘星道:"你就顺便托他进去打听打听里面的动静?"

魏子云叹了口气,道:"我答应替他在外面买栋房子,他才肯的。"

司空摘星道:"他又听见了什么?"

魏子云道:"只听见了一句话。"

司空摘星道:"一句话就一栋房子?这价钱未免太贵了些罢?"

魏子云道:"不贵。"

魏子云道:"那句话也许比一万栋房子还值钱。"

他实在真能沉得住气,直到现在,还不肯把那句话痛痛快快地说出来。

司空摘星已急得在冒汗,急着问道:"这句话究竟是谁说的?究竟是句什么话啊?"

魏子云道:"那句话是皇帝说的,他答应了陆小凤一件事。"

司空摘星道:"什么事?"

魏子云道:"随便什么事。"

司空摘星道:"随便陆小凤要求什么事,他都答应?"

魏子云道:"天子无戏言,普天之下,也绝没有皇帝做不到的事。"

司空摘星怔住了,真的怔住了。

说话的虽然只有他一个人,在旁边听说的却不止一个,听见了这句话,每个人都怔住了。

普天之下,莫非王土,率土之滨,莫非王民,天子说出来的一句话,简直就像是神话中的魔棒一样,可以点铁成金,化卑贱为高贵,化腐朽为神奇。

也不知过了多久,司空摘星才长长吐出了口气,道:"那小子要的是什么呢?"

魏子云道:"不知道,那小太监只听到一句话。"

司空摘星道："其实，用不着别人说，我也可以猜得出那小子要的是什么？"

魏子云道："哦？"

司空摘星道："皇宫大内中，一定藏着有各式各样的美酒。"

魏子云道："你认为他要的是酒？"

司空摘星道："有没有人不要命的？"

魏子云道："就算有，也很少。"

司空摘星道："酒就是那小子的命，他不要酒要什么？"

老实和尚忽然道："要命根子。"

司空摘星道："命根子？"

老实和尚道："酒虽然是他的命，女人却是他的命根子。"

木道人道："你真的认为他会求皇帝赐他一个女人？"

老实和尚道："也许不是一个女人，是三百六十五个。"

木道人大笑道："这是和尚的想法，和尚大概是想女人想疯了，我们绝不能以和尚之心，去度陆小凤之腹。"

老实和尚道："道士的想法是什么？"

木道人道："那小子虽然是个酒色之徒，却不糊涂，总该知道有了钱，就不怕没有酒和女人，何况他一向挥金如土，总是缺钱用。"

老实和尚叹了口气，道："难怪别人说，人愈老愈贪，原来老道士也是财迷。"

卜巨一直想开口，终于忍不住道："我若是他，我一定会要皇帝封我为大将军，率军西征，立威于四方，扬名于天下。"

魏子云立刻同意。

名、利、女人、权势，岂非正是一个男人幻想中的一切？除此之外，他还能要求什么呢？

司空摘星道："也许他要的不止一样，这小子的心，一向黑得很。"

老实和尚道:"不管怎么样,他要的总是我们猜的这几样事其中之一。"

忽然之间,永定门里有人道:"不是。"

一个人大步从里面走出来,神采飞扬,容光焕发——陆小凤终于出现了,大家立刻迎上去,抢着问道:"难道我们全都猜错了?"

陆小凤点点头。

老实和尚道:"你要的究竟是什么?"

陆小凤道:"不可说,不可说。"

他分开人丛,大步向前走,随便人家怎么问,他也不开口。

他好像决心要让这些人活活憋死。

可是,这些人也并不是那种很容易就肯死心的人,陆小凤在前面走,他们就在后面跟着。

老实和尚拉了拉司空摘星的衣袖,悄悄道:"你是这小子的克星,天下假如还有一个人能让他开口,这人一定就是你。"

司空摘星眼珠子转了转,道:"一点也不错。"

他也大步赶上去,拉住了陆小凤,道:"你是不是已决心不说了?"

陆小凤道:"是。"

司空摘星道:"好!"

陆小凤道:"好什么?"

司空摘星道:"你若不说,我就……我就……"然后,他在陆小凤的耳旁,悄悄地说了几句话。

陆小凤忽然停下脚步,站在那里,怔了半天,长长叹了口气,悄悄地说了几句话。

司空摘星立刻也怔住,脸上的表情就好像同时吞下了三个鸡蛋、两个鸭蛋和四个大馒头。

陆小凤又开始大步往前走。

司空摘星也跟着往前走，刚走了第一步，就开始笑了，大笑，笑得几乎连眼泪都流了出来。

老实和尚又拉他的衣袖，道："他告诉了你什么？"

司空摘星一面笑，一面摇头，道："不可说，不可说。"

老实和尚道："莫忘记刚才是谁教你去的，而且，假如你真的不说，我就……"

他也附在司空摘星耳边说了几句话。

司空摘星也立刻停下脚步，发了半天怔，也在他耳旁边说了几句话。

老实和尚也怔住了，然后也笑了，大笑，笑得就好像如来佛刚配给他三个大尼姑、两个小尼姑和四个不大不小的尼姑。

然后，木道人又逼着他说出了那件事，魏子云又求木道人说了，丁敖、屠方、殷羡、卜巨，也就全都知道了。

然后每个人都开始在笑，大笑……

九月十六，夜，天阶月色凉如水，陆小凤沿着月色凉如水的天阶，大步前行，意气风发，精神抖擞，全身都充满了活力。

他没有笑，可是跟在他身边的每个人却全都在笑，大笑，笑得前仰后合，笑得就像是一群孩子。

他们大笑着走过天阶，走入灯火辉煌的街道，路上的人、窗子里的人、店铺里的人，都在吃惊地看着他们，没有人能想到，这些人都是当今天下武林中的绝顶高手，也没有人知道他们为什么笑得这么开心，绝没有人知道，永远没有人知道……

《陆小凤传奇3：决战前后》完

相关情节请看《陆小凤传奇4：银钩赌坊》

读客文化将出版以下古龙经典作品

《小李飞刀：多情剑客无情剑》

《小李飞刀2：边城浪子》

《小李飞刀3：九月鹰飞》

《小李飞刀4：天涯·明月·刀》

《陆小凤传奇：金鹏王朝》

《陆小凤传奇2：绣花大盗》

《陆小凤传奇3：决战前后》

《陆小凤传奇4：银钩赌坊》

《陆小凤传奇5：幽灵山庄》

《陆小凤传奇6：凤舞九天》

《陆小凤传奇7：剑神一笑》

《楚留香新传：借尸还魂》

《楚留香新传2：蝙蝠传奇》

《楚留香新传3：桃花传奇》

《楚留香新传4：新月传奇·午夜兰花》

《七种武器：长生剑·孔雀翎》

《七种武器2：碧玉刀·多情环》

《七种武器3：离别钩·霸王枪》

《七种武器4：愤怒的小马·七杀手》

《萧十一郎》

《火并萧十一郎》

《绝代双骄》

《欢乐英雄》

《三少爷的剑》

《流星·蝴蝶·剑》

《武林外史》

《白玉老虎》

《圆月弯刀》

《大人物》

《绝不低头》

《碧血洗银枪》

《彩环曲》

《苍穹神剑》

《大地飞鹰》

《风铃中的刀声》

《护花铃》

《剑毒梅香》

《剑客行》

《猎鹰·赌局》

《名剑风流》

《飘香剑雨》

《七星龙王》

《失魂引》

《血鹦鹉》

《英雄无泪》

《游侠录》

《月异星邪》

激发个人成长

多年以来,千千万万有经验的读者,都会定期查看熊猫君家的最新书目,挑选满足自己成长需求的新书。

读客图书以"激发个人成长"为使命,在以下三个方面为您精选优质图书:

1、精神成长
熊猫君家精彩绝伦的小说文库和人文类图书,帮助你成为永远充满梦想、勇气和爱的人!

2、知识结构成长
熊猫君家的历史类、社科类图书,帮助你了解从宇宙诞生、文明演变直至今日世界之形成的方方面面。

3、工作技能成长
熊猫君家的经管类、家教类图书,指引你更好地工作、更有效率地生活,减少人生中的烦恼。

每一本读客图书都轻松好读,精彩绝伦,充满无穷阅读乐趣!

认准读客熊猫

读客所有图书,在书脊、腰封、封底和前后勒口都有"**读客熊猫**"标志。

两步帮你快速找到读客图书

1、找读客熊猫　　　　　2、找黑白格子

 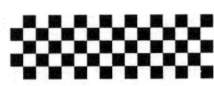

马上扫二维码,关注**"熊猫君"**

和千万读者一起成长吧!

图书在版编目（CIP）数据

陆小凤传奇. 3，决战前后 / 古龙著. -- 上海：文汇出版社，2018.8
（古龙文集）
ISBN 978-7-5496-2533-8

Ⅰ. ①陆… Ⅱ. ①古… Ⅲ. ①侠义小说－中国－当代
Ⅳ. ①I247.5

中国版本图书馆CIP数据核字（2018）第067745号

著作权合同登记号：09-2017-966

陆小凤传奇3：决战前后

作　　者／古　龙

责任编辑／徐曙蕾
特邀编辑／周奥扬　周量航　王心怡
封面装帧／文　薇

出版发行／文汇出版社
　　　　　上海市威海路755号
　　　　　（邮政编码 200041）

经　　销／全国新华书店
印刷装订／北京中科印刷有限公司
版　　次／2018年8月第1版
印　　次／2018年8月第1次印刷
开　　本／890mm×1270mm　1/32
字　　数／205千字
印　　张／8.5

ISBN 978-7-5496-2533-8
定　　价／52.00元

古龙著作管理发展委员会　侵权必究
装订质量问题，请致电010-87681002（免费更换，邮寄到付）